탈무드

위의 큐알코드를 스캔하면 한글판 PDF와
영문판 PDF를 다운받을 수 있습니다.

탈무드
Talmud

2025년 7월 01일 초판 1쇄 인쇄
2025년 7월 10일 초판 1쇄 발행

지은이 랍비 솔로몬
옮긴이 더페이지
발행인 손건
편집기획 김미정
마케팅 최관호
디자인 김정희
제작 최승용
인쇄 선경프린테크
이미지 www.shutterstock.com

발행처 열린문학
주소 서울시 영등포구 영신로 34길 19
등록번호 제 312 - 2006 - 00060호
전화 02) 2636 - 0895
팩스 02) 2636 - 0896
이메일 elancom@naver.com

ISBN 979-11-7142-076-6 03890

*열린문학은 **LanCom**의 문학 · 인문 브랜드입니다.

탈무드

Talmud

랍비 솔로몬 + 더페이지 옮김

열린문학

우화로 읽는 탈무드

유대인은 세계 전체 인구의 0.2%밖에 되지 않지만 역대 노벨상 수상자의 약 30%를 차지한다. 미국에 사는 유대인의 인구는 미국 전체 인구의 약 3%밖에 되지 않지만 미국 400대 재벌 중 23%가 유대인이다. 세계적으로 가장 유명한 유대인은 단연 아인슈타인이다. 천재 물리학자인 그가 어린 시절에는 거의 지진아 부류에 속하는 아이였다는 것 또한 그 이름 뒤에 꼭 따라붙는다. 그래서 그는 언제나 탈무드의 힘을 단적으로 보여주는 극적인 사례가 된다.

유대인이 그토록 특별한 이유는 무엇일까?

유대인의 힘은 탈무드에서 나온다고 해도 과언이 아니다. 그들만의 전통을 현대사회에 깊게, 폭넓게 그리고 새롭게 적용하면서 발전시키는 데서 나오는 것이다.

유대인들은 아이들에게 남보다 '훌륭하게' 되라고 가르치지 않는다. 그들은 아이들에게 남과 '다르게' 되라고 가르친다. 지식 자체보다 지식을 스스로 찾고 깨우치면서 공부의 즐거움을 알아가는 원리교육이다.

아이들이 정말 하찮은 일을 가지고 몇 시간씩 다투고 논쟁하는 것을 바라보면서 "그까짓 거 갖고 뭘 그래. 그만 싸우고 가서 공부나 해."라고 말하지 말자.

형제들 사이의, 친구들 사이의 수많은 잡다한 토론은 자기의 길을 찾아가기 위한 훈련이다. 자식에게 물고기를 잡아주지 말고, 물고기 잡는 법을 가르치라는 유대인의 속담처럼 물고기 잡는 법을 배우는 과정인 것이다. 대답보다 질문을 평가하고, 결과보다 과정을 중요하게 생각하는 탈무드는 그래서 언제나 오늘 신문처럼 새롭다.

탈무드는 철학이다. 탈무드는 인간의 행동양식, 사고방식, 희로애락, 고난, 성공, 열정, 집착, 욕망과 증오 등을 우화로, 실례로, 경험으로 낱낱이 보여준다.

탈무드가 아무리 위대하다 해도 우리는 탈무드를 다 읽을 수 없고 그럴 필요도 없다. 탈무드는 아주 많은 것들을 우화로 함축하고 있다. 탈무드의 우화는 활기차고 다양하고 유머러스하다. 견딜 수 없는 고통과 슬픔 속에서도 자신을 향해, 세상을 향해, 운명을 향해 웃어 버렸던 유대인의 자유로운 정신과 승화된 여유가 고스란히 담겨 있다.

이 책에는 방대한 탈무드의 극히 일부분, 함축적인 의미를 담고 있는 간결하고 재미있는 우화들만 모았다.

탈무드 우화를 통해 인생이란 무엇인가? 행복이란 무엇인가? 사랑이란 무엇인가? 욕망이란 무엇인가? 눈 앞에 닥친 난제들을 어떻게 풀 것인가? 불행을 어떻게 극복할 것인가? 인간 관계는? 사회 생활은? 진지하게, 그러나 유쾌하게 고민해 보자. 혹시 특별한 사람으로 거듭나게 될지도……!

차례

우화로 읽는 탈무드 _ 6

1
다르게 생각하는 사람들

진짜 바보? _ 17
지혜로운 유언장 _ 18
세 가지 사리에 맞는 행동 _ 20
암시 _ 23
랍비의 팬터마임 _ 24
랍비 힐렐의 수업료 _ 26
도둑이 남긴 것 _ 28
유대 학문의 핵심 _ 29
진짜 부자는 누구? _ 30
생각 좀 하면서 살지 _ 32
도시를 지키는 자 _ 33
지식에 대한 보상 _ 34
공부할 때 _ 35
다윗과 모기 _ 36
다윗과 거미 _ 37
벌거숭이 임금님 _ 38

행복도 생각하기 나름 _ 40
여우와 물고기 _ 43
앵무새의 조언 _ 44
근심도 남다르게 _ 46

2
아낌없이 베푸는 사람들

체데카의 레벨 _ 49
자선의 힘 _ 50
자선에 대한 4가지 태도 _ 51
살아 있는 바다 _ 52
랍비 힐렐의 착한 일 _ 53
친절 _ 54
조건반사 _ 56
선행의 가치 _ 57
마법 사과 _ 58
나무의 열매 _ 60
맹인의 등불 _ 61
보트의 구멍 _ 62
베풀면 돌아온다 _ 64
초대 받지 않은 사람 _ 66
병문안 _ 67
가난의 무게 _ 68

농담 _69
가장 현명한 선택 _70
부자들이 남을 돕지 않는 이유 _71
가난한 과부의 빵 _72
영원히 더러운 과자 _75
사기꾼도 겸손하게 만드는 관대함 _76

3
자신만의 삶을 사는 사람들

성공이란 무엇인가? _79
인간의 다섯 부류 _80
인간의 4가지 타입 _82
성격의 4가지 타입 _83
현자의 말을 듣는 3가지 타입 _84
학생의 4가지 타입 _85
현인이 되는 7가지 조건 _86
최대한 피해야 할 4가지 타입 _87
여우와 포도 _88
선과 악 _89
사탄의 선물 _90
하나님이 맡긴 보석 _91
훌륭한 랍비가 우는 이유 _92
그래서 희망이다 _93

가장 중요한 자 _ 94
입 _ 96
참되게 사는 비결 _ 97
못생긴 그릇 _ 98
달콤하지만 쓰디 쓴 것 _ 100

4
합리적 정신을 추구하는 사람들

만찬회 _ 103
육체와 정신 _ 104
진짜 어머니 _ 105
돈을 훔친 사람 _ 106
두 시간의 길이 _ 108
참 이득 _ 109
촛대를 훔친 사람 _ 110
하나님은 올바른 사람을 시험하신다 _ 112
중용 _ 113
잃어버린 보물 _ 114
세 가지 충고 _ 116
믿음 _ 117
참회 _ 118
하나님은 어디에? _ 119
쓸모없는 우산 _ 120

5

사회는 끊임없이 진화한다고 믿는 사람들

붕대 _ 123
법관의 도리 _ 124
장미 한 송이 _ 125
단 한 개의 구멍 _ 126
강자와 약자 _ 127
정의에 대한 견해 차이 _ 128
결점 있는 세 자매 _ 130
살인한 닭을 처형하는 방법 _ 133
민족을 구한 요하난 _ 134
아키바의 기도 _ 137
머리와 꼬리 _ 138
인내심도 이 정도면 _ 140
바퀴 자국 _ 142
여우와 노새 _ 143
독설 _ 144
여우와 늑대 _ 145
나쁜 관습에도 다 이유가 있다 _ 146
하필 안식일에 물에 빠진 암소 _ 147
나는 내 방식대로 _ 148

6

사랑하며 사는 사람들

결혼 _ 151

진정한 친구 _ 152

솔로몬 왕은 딸바보 _ 154

사랑의 편지 _ 155

세 사람의 친구 _ 156

미움과 증오 _ 157

약속은 지킵시다 _ 158

질투 _ 161

최고의 지혜는 친절한 마음 _ 162

7

돈은 기회를 제공한다고 믿는 사람들

자물쇠의 용도 _ 171

잃어버린 돈 주머니를 찾는 방법 _ 172

나보다 더 가난한 사람 _ 174

우리는 받을 것만 _ 175

전보는 최대한 짧게 _ 176

같은 값이면 _ 177

문맹이라서 다행? _ 178

계산은 정확히 _ 180

가장 훌륭한 상술은 정직 _ 181

가난할 팔자 _ 182

부자 아버지 _ 183

슬픈 이유 _ 184
기쁨도 슬픔도 함께 해요 _ 185
당나귀와 다이아몬드 _ 186
너무 빨리 자라는 아이 _ 188

8

가족의 가치를 아는 사람들

랍비와 어머니 _ 191
형제라면 이들처럼 _ 192
주인을 구한 개 _ 194
아들과 다이아몬드 _ 195
천국에 간 아들과 지옥에 간 아들 _ 196
유대인의 자부심 _ 197
여자 하기 나름 _ 198
향수 가게 아들 _ 199
꼭 닮은 아들 _ 200
우리는 어디로 _ 201
랍비에게 침을 뱉은 여인 _ 202
거만하게 굴면 안 되는 이유 _ 204

1
다르게 생각하는 사람들

유대인 교육철학의 핵심은 '남보다 훌륭하게 되려고 하지 말고 남과 다르게 되라'는 것이다.

반면에 현대 자본주의 교육은 '획일화'라는 함정에 빠져 있다. 모든 사람을 평준화하여 독특한 개성을 가진 한 사람보다 사회의 틀에 잘 맞춰진 규격화된 일원을 길러내려고 기를 쓰는 교육이다.

개성은 사람을 끌어들인다. 1등에 대한 집착을 버리고, 남과 다르게 되겠다고 생각하면 세상 사는 것이 재밌어지지 않을까?

진짜 바보?

바보라고 놀림 받는 사람이 랍비를 찾아왔다.

"랍비님, 사람들이 저를 바보라고 놀립니다. 저도 제가 어리석다는 것은 잘 알고 있습니다. 하지만 저는 정말 바보입니까?" 그가 진지하게 물었다.

"자신이 바보라는 것을 아는 사람은 바보가 아닐세. 그러니 자네는 바보가 아니야." 랍비가 대답했다.

"그런데 사람들이 왜 저를 바보라고 놀릴까요?"

"그러고 보니 자네는 바보가 맞는 것 같군. 자신이 바보라는 것을 스스로 알았다면 바보가 아니지만, 남들이 하는 말을 듣고 자신이 바보라고 생각했다면 자네는 바보가 맞네."

나는 어떤 사람인가? 나름 지성인이라 자처하는 나는 혹시 바보인가? 아니면 혹시 바보일지도 모른다고 생각하는 나는, 누가 봐도 개성이 뚜렷한 지성인인가? 묻는 자체가 바보라는……

지혜로운 유언장

예루살렘에서 멀리 떨어진 어느 도시에 지혜로운 유대인이 혼자 살고 있었다. 하나밖에 없는 귀한 아들을 예루살렘으로 유학 보냈기 때문이다.

어느 날 지혜로운 유대인은 앓아눕게 되었다. 갑작스런 병은 너무나도 깊었다. 아들이 도착할 때까지 살 수 없다는 것을 깨달은 그는 유언장을 작성했다.

'재산은 모두 우두머리 노예에게 물려준다. 아들은 무엇이든 원하는 것을 단 하나만 가질 수 있다.'

지혜로운 유대인은 유언장 내용을 공개하고 우두머리 노예에게 맡겼다. 얼마 후 그가 죽자 우두머리 노예는 서둘러 예루살렘으로 향했다. 자신에게 닥친 이 뜻밖의 행운에 발걸음은 날아갈 듯 가벼웠다.

아버지의 갑작스런 죽음과 전혀 예상치 못했던 유언장 내용 때문에 깊은 슬픔 속에서도 내내 놀라움이 가시지 않았던 아들은 아버지의 장례를 치르고 난 후 곧바로 랍비의 집을 찾아갔다.

"아버지는 왜 제게 재산을 물려주지 않으셨을까요? 아무리 생각해도 제가 그동안 아버지를 화나게 할 만한 일을 한 적이 없는데요."

"유서를 자세히 살펴보게. 아버지는 자네를 정말 사랑하셨네. 참으로 현명한 분이야." 랍비가 말했다.

"모든 재산을 노예에게 물려주고 아들인 제게는 아무 것도 남겨주지 않으셨는데요?"

"아버지 입장에서 아버지가 무엇을 바랐을지 생각해 보게. 아버지는 자네가 없는 동안에 당신이 죽을 걸 아신 거야. 그렇게 되면 우두머리 노예가 재산을 갖고 도망치거나 탕진해 버리거나 심지어 당신이 죽었다는 사실조차 자네에게 알리지 않을 수도 있다고 염려하신 거지. 그래서 재산을 모두 노예에게 주신 거야. 그러면 노예는 기쁜 나머지 서둘러 자네를 만나러 갈 테고, 재산도 소중하게 갈무리해 둘 테니."

"그래서 제게 무슨 소용이 있습니까?"

"젊은이라 역시 지혜가 부족하군. 노예의 모든 것은 주인에게 속한다는 사실을 모르나? 아들에게 무엇이든 원하는 것을 하나 준다고 했으니 자네는 그 하나로 노예를 택하면 되는 것이지."

그는 그제야 아버지의 깊은 속뜻을 깨닫고 랍비가 일러준 대로 한 다음, 노예를 해방시켜 주었다. 그 후 그는 항상 입버릇처럼 말했다.

"나이든 사람의 지혜는 젊은이가 따라가지 못해."

세 가지 사리에 맞는 행동

어떤 예수살렘 사람이 여행하던 도중에 병을 얻어 죽게 되었다. 그는 여관 주인을 불러 뒷일을 부탁했다.

"내가 죽으면 소식을 듣고 예루살렘에서 내 아들이 찾아올 거예요. 그에게 내 소지품을 주세요."

"손님의 아들인지 어떻게 알죠?"

"여행을 떠나기 전에 아들을 불러 놓고 만약 내가 여행 중에 죽게 된다면 유산을 상속받기 위해서 해야 할 세 가지 사리에 맞는 행동을 말해 두었으니 그걸로 판단하면 됩니다."

그가 죽자 마을 사람들에게 나그네의 죽음이 알려졌고 유대식으로 장례가 치러졌다. 아들이 살고 있는 예루살렘에도 사람이 보내졌다. 이윽고 아들이 소식을 듣고 부랴부랴 달려 왔다. 그러나 그는 아버지가 묵었던 여관을 알지 못했다. 아버지가 아들에게 알려주지 말라고 유언했기 때문이다.

마침 땔감 장수가 수레에 나무를 가득 싣고 지나가고 있었다. 아들은 그에게 땔감을 사서 예루살렘에서 온 나그네가 죽은 여관에 갖다 달라 하고는 땔감 장수의 뒤를 따라갔다.

이것이 그의 첫 번째 사리에 맞는 행동이었다.

여관 주인은 기꺼이 그를 맞아들여 저녁 식사를 대접했다. 식탁에는 구운 비둘기 다섯 마리와 닭 한 마리가 차려져 있었다. 주인 내외와 주인 내외의 두 아들과 두 딸 그리고 나그네의 아들, 이렇게 일곱 사람이 테이블에 둘러앉았다. 주인이 말했다.

"자, 그럼 손님께서 음식을 나눠주세요."

나그네의 아들은 처음에는 극구 사양했지만 여관 주인은 굳이 손님 좋으실 대로 음식을 나누어야 한다고 고집을 부렸다. 하는 수 없이 나그네의 아들은 음식을 나누기 시작했다. 먼저 두 아들에게 구운 비둘기 한 마리, 두 딸에게 구운 비둘기 한 마리, 주인 부부에게도 구운 비둘기 한 마리를 나눠준 다음, 자신의 접시에는 구운 비둘기 두 마리를 담았다.

이것이 그의 두 번째 사리에 맞는 행동이었다.

주인은 난처한 표정을 지었지만 아무 말도 하지 않았다. 아들은 다시 닭 요리를 나누기 시작했다. 그는 우선 닭의 머리를 떼어 주인 부부에게 주고, 두 아들에게는 닭다리를 각각 하나씩 주고, 두 딸에게는 날개를 각각 하나씩 주었다. 그리고 자신의 접시에는 몸통을 모두 담았다.

이것은 그의 세 번째 사리에 맞는 행동이었다.

주인은 마침내 화를 내며 소리쳤다.

"당신네 이스라엘에서는 이런 식입니까? 비둘기를 나눠줄 때만 해도 나는 꾹 참고 아무 말도 하지 않았지만 닭을 나누는 것을 보고는 더 이상 참을 수가 없네요. 도대체 이게 무슨 짓이요?"

그러자 아들이 말했다.

"나는 애초에 음식을 나누는 일은 하고 싶지 않았습니다. 그런데 하도 요청하시니까 할 수 없이 한 거죠. 두 분과 비둘기를 합치면 셋이 되고, 두 아드님과 비둘기를 합치면 셋이 됩니다. 그리고 두 따님과 비둘기를 합치면 셋이 되고, 나와 비둘기 두 마리를 합치면 셋이 됩니다. 어때요, 공평하죠? 그리고 두 분은 집안의 우두머리시니까 닭의 머리를 드렸고, 당신의 두 아드님은 이 집의 기둥이니까 두 다리를 주었지요. 따님들은 다른 집으로 시집을 가야 하니까 날개를 준 것이고 나는 배를 타고 다시 돌아가야 하기 때문에 몸통 부분을 가진 거예요. 이거야말로 사리에 맞는 행동 아닙니까? 이제 빨리 아버님의 유품을 내주세요!"

암시

어떤 로마 장교가 랍비를 찾아와서 조롱했다.

"유대인 랍비들은 매우 현명하다고 들었소. 오늘밤 내가 어떤 꿈을 꾸게 될지 말해보시오."

랍비는 서슴없이 대답했다.

"페르시아 군이 로마를 기습하여 로마 군을 격파하고 로마를 지배하여 로마인들을 노예로 삼고 로마인들이 제일 싫어하는 일을 시키는 꿈을 꿀 것입니다."

이튿날 아침 일찍 댓바람부터 그 로마 장교가 얼굴이 하얘져서 랍비를 찾아 왔다.

"내가 무슨 꿈을 꿀지 도대체 어떻게 알았소?"

당시 로마의 가장 큰 적은 페르시아였다. 랍비는 그 장교가 가장 걱정하는 일이 무엇인지 알고 있었고, 그 장교는 꿈이 암시에서 온다는 것을 알지 못했다. 당연히 그는 자기가 암시에 걸려 있었다는 사실조차 알지 못했던 것이다.

랍비의 팬터마임

로마의 황제와 이스라엘의 가장 위대한 랍비는 일찍이 서로 깊이 이해하며 남다른 우정을 나누고 있었다. 그들 두 사람은 생일도 같았다. 황제는 해결하기 어려운 문제가 생길 때마다 랍비의 지혜를 청하곤 했다.

그러나 두 나라의 관계가 급격히 악화되면서 황제와 랍비는 서로가 친구라는 사실을 드러내놓고 말할 수 없게 되었다. 그래서 황제는 랍비에게 무엇을 물어 보고 싶을 때도 사자를 보내 간접적으로 그의 말을 듣지 않으면 안 되었다.

어느 날 황제는 랍비에게 사자를 보내 메시지를 전했다.

"나는 두 가지를 이루고 싶소. 첫째, 내가 죽으면 아들을 황제로 삼는 것이고, 둘째, 이스라엘에 있는 티베리아스라는 도시를 관세 자유 지역으로 만드는 것이오. 지금 나는 그 두 가지 중 한 가지 밖에 이룰 수가 없소. 이 두 가지를 모두 이루려면 어떻게 하면 좋겠소?"

두 나라의 관계가 무척 험악해지고 있었기 때문에 황제의 이러한 물음에 랍비가 대답해 주었다는 사실이 알려지면 국민들에게 몹시 나쁜 영향을 끼칠 것이 분명했다. 따라서 랍비는 황제의 물음에 대답해 줄 수가 없었다.

랍비가 아무 대답도 하지 않았다고 사자가 보고하자 황제가 물었다.

"메시지를 전했을 때 랍비는 무엇을 하고 있더냐?"

"그는 아들을 목말 태우더니 아들에게 비둘기를 주었습니다. 그러자 아들은 비둘기를 하늘로 날려 보냈습니다. 말은 한 마디도 하지 않았습니다."

황제는 랍비가 전하려는 뜻을 알 수 있었다.

"우선 왕위를 아들에게 물려주고, 그 다음에 아들이 관세 자유 지역으로 만들면 됩니다."

얼마 후 황제가 랍비에게 또 사자를 보냈다.

"나를 해치려는 신하들이 있소. 그들을 어떻게 처리하면 좋겠소?"

랍비는 역시 지난번처럼 아무 말 없이 황제의 사자를 데리고 뜰에 있는 텃밭으로 나가더니, 배추 한 포기를 뽑아서 던져버리고 방으로 들어 왔다. 잠시 뒤 랍비는 다시 황제의 사자를 데리고 텃밭으로 나가 또 배추 한 포기를 뽑아서 던져버리고 방으로 들어 왔다. 그리고 조금 지나자 다시 똑같은 일을 거듭하는 것이었다. 그것으로 끝이었다.

황제는 랍비가 전하는 뜻을 알아들었다.

"적들을 단번에 뿌리 뽑으려고 하지 말고 몇 번으로 나누어 하나하나 차곡차곡 없애 버리십시오."

랍비 힐렐의 수업료

랍비 힐렐은 2천여년 전 바빌로니아에서 태어났다. 20세 되던 해에 그는 이스라엘로 이주하여 아주 훌륭한 두 사람의 랍비 밑에서 공부했다. 당시 로마의 지배라는 혹독한 시련을 겪고 있던 이스라엘의 유대인들은 말할 수 없이 고통스러운 나날을 보내고 있었다. 그런 상황에서 수업료는 물론이고 먹고 자는 것까지 혼자 힘으로 해결하는 것은 감히 바랄 수도 없는 일이었다. 하지만 그는 어떻게 해서라도 강의를 들어야만 했다. 그의 마음은 오직 공부! 공부해야 한다는 열망만으로 가득 차 있었다.

하지만 아무리 열심히 일해도 수업료를 마련할 수 없었던 힐렐은 교실에 들어가지 못하고 그저 그리운 마음으로 학교 주변을 돌았다. 문득 교실 지붕 위에서 연기를 내뿜고 있는 굴뚝을 발견하고 그는 혹시 하는 마음으로 지붕에 올라가서 굴뚝에 귀를 대보았다. 굴뚝을 타고 랍비의 목소리가 또렷이 올라왔다. 그는 어찌나 기쁘던지 추운 것도, 배고픈 것도 까맣게 잊고 밤늦도록 강의를 들었다. 그러던 어느 겨울밤, 피로에 지친 그는 그만 그대로 잠이 들어버렸다. 마침 내리기 시작한 눈이 이불처럼 차곡차곡 그의 몸을 덮었다.

"오늘따라 왜 이리 어둡지? 눈이 와서 그런가?"

학생 하나가 천장을 올려다보았다. 시커먼 물체가 지붕창을 가리고 있었다. 깜짝 놀란 학생들은 시커먼 물체를 확인하기 위해서 지붕 위로 우르르 달려갔다.

힐렐이 꽁꽁 얼어붙은 채 눈속에 파묻혀 있었다. 학생들은 얼른 힐렐을 따뜻한 교실로 옮긴 다음, 담요로 몸을 감싸고 정성껏 간호했다. 학생들이 빨리 발견한 덕분에 힐렐은 무사히 깨어났다.

그의 사정을 알게 된 학교에서는 그의 수업료를 면제하기로 결정했다. 그리고 그 이후로 유대인 학교에서는 수업료가 사라지게 되었다.

이 일이 있은 이후로 누군가 돈이 없어서 공부를 할 수 없다든가, 돈 때문에 아무 것도 못 한다고 불평을 하면 유대인들은 이렇게 묻는다고 한다.

"당신은 힐렐보다 더 가난한가?"

힐렐은 지혜로운 명언을 많이 남겼다. 그리스도의 말씀 중에도 그의 말을 그대로 인용한 것이 꽤 많다.

도둑이 남긴 것

로마의 황제가 랍비 가말리엘에게 말했다.

"너희들의 하나님은 도둑이야. 아담이 잠든 틈에 그의 갈비뼈를 훔쳐 갔다면서?"

옆에 앉아 있던 랍비의 딸이 대화에 끼어들었다.

"폐하, 제가 그 질문에 답해도 되겠습니까?"

황제가 허락하자 랍비의 딸이 말을 이었다.

"어느 도둑이 은상자를 훔쳐가는 대신 금상자를 두고 갔습니다. 폐하가 보시기에 이런 도둑은 어떠십니까?"

"그런 도둑이라면 얼마든지 환영이지."

"그렇죠? 그것은 결국 아담의 몸에 일어난 것과 똑같지 않습니까? 하나님이 갈비뼈를 하나 가져가는 대신 여자를 남겨 두고 가셨으니까요."

유대 학문의 핵심

이교도가 힐렐을 찾아와 빈정거리며 물었다.

"내가 한쪽 다리로 서 있는 동안 유대인의 학문을 모두 가르쳐줄 수 있습니까?"

그러자 힐렐이 태연하게 대답했다.

"내가 못하는 것을 남에게 강요하지 마라! 이것이 바로 유대 학문의 핵심입니다. 더 알고 싶다면 집에 가서 공부하세요."

진짜 부자는 누구?

호화 유람선 한 척이 새파란 바다 위에 유유자적 떠있었다. 갑판 위에는 아름다운 오후의 햇빛을 즐기러 나온 손님들이 커다란 파라솔 그늘 밑에 놓인 긴의자에 눕거나 앉아 이야기를 나누고 있었다. 배에 탄 손님들은 거의 모두 큰 부자들이었는데, 그 속에 어울리지 않는 그림처럼 랍비 한 사람이 섞여 있었다.

그토록 아름다운 풍경을 앞에 두고도 부자들의 관심은 오직 재물뿐이었다. 그들은 하나같이 자기 재산이 얼마나 많은지, 남들이 갖지 못한 어떤 희귀한 보물을 갖고 있는지 자랑하느라 정신이 없었다. 그들에게 가장 중요한 것은 누가 얼마나 더 부자인지 겨루는 것이었다. 문득 한 사람이 한쪽에 조용히 앉아 바다를 바라보며 생각에 잠겨 있는 랍비를 발견했다.

"랍비님은 무슨 큰 재산이 있으실까?"

그가 랍비를 아래위로 훑어보며 말하자 왁자지껄 웃음소리가 여기저기서 터져 나왔다.

"아마 내가 여기서 제일 부자일 걸요. 지금 당장 내 재산을 여러분에게 보여 주지 못하는 것이 안타까울 뿐입니다."

랍비가 말했다.

마침 그때였다. 해적들이 배를 습격했다. 해적들은 부자들을 탈탈 털었다. 부자들은 속수무책으로 금은보석 등 자기가 갖고 있던 모든 재물을 몽땅 빼앗기고 말았다. 해적이 휩쓸고 간 뒤 빈털터리가 된 배는 항로를 이탈하여 난파되기 직전에 어떤 알지 못하는 항구에 닿게 되었다.

부자들은 가진 것을 모두 잃고 비참한 가난뱅이로 전락한 채, 언제 무슨 수로 배를 수리해서 고향으로 돌아갈 수 있을지 막막했지만 랍비는 기다리는 동안 높은 학식과 교양을 인정받아 학교에서 학생을 모아 가르치기 시작했다. 그를 조롱했던 부자가 말했다.

"그때 랍비님 말씀이 옳았어요. 학식이 있는 사람은 잃어버릴 염려가 없는 재물을 몸에 지니고 있는 셈이니까요."

생각 좀 하면서 살지

하나님이 처음 새를 만들었을 때 새에게는 아직 날개가 없었다. 새는 적으로부터 자신을 지킬 수 있는 것을 아무것도 갖지 못했다고 신에게 불평했다.

"뱀에게는 독이 있고, 사자에게는 날카로운 이빨이 있고, 말에게는 발굽이 있지만, 저는 아무 것도 없어요. 어떻게 자신을 지켜야 할까요?"

하나님은 새에게 깃과 날개를 주었다. 그러나 얼마 지나지 않아서 새는 하나님에게 돌아와 불평을 늘어놓았다.

"제게 깃과 날개를 주셨지만 저는 그게 무슨 소용인지 알 수가 없어요. 그것들은 제게 무거운 짐이 될 뿐입니다. 날개 때문에 전처럼 빨리 뛸 수도 없어요."

하나님이 말씀하셨다.

"그 몸에 붙어 있는 날개를 어떻게 쓰면 좋을지 좀 생각해 보는 것이 어떨까?"

도시를 지키는 자

세 명의 위대한 랍비가 도시를 두루 돌아다니며 현지의 실정을 살펴보고 있었다. 그들이 팔레스타인에 도착하여 그곳을 지키는 사람을 만나고 싶다고 말하자 군대의 총사령관이 그들을 찾아왔다.

세 랍비는 이렇게 말했다.

"군대는 도시를 지키는 자들이 아니라 파괴하는 자들이다! 진정으로 도시를 지키는 자는 바로 가르치는 자이다. 그러니 그대들의 스승을 하나님을 두려워하듯 두려워하라."

지식에 대한 보상

공부를 싫어하는 아이가 있었다. 아버지와 선생님이 아무리 노력해도 <창세기> 까지가 그의 한계였다.

어느 날 아이는 죄를 짓고 붙잡혀 감옥에 들어가게 되었다. 마침 줄리어스 시저가 감옥에 들러 소장하고 있는 책들을 모두 가져오라고 명했다. 책을 훑어보다가 히브리어로 쓰인 책을 발견하고 시저가 물었다.

"이 책을 읽을 줄 아는 자가 있는가?"

간수장은 막 잡혀온 유대인 아이를 생각해 내고는 곧 데려오겠다고 대답했다. 간수장은 그에게 깨끗한 옷을 입힌 다음 시저 앞으로 데려갔다. 황제는 책을 아이 앞으로 던지며 읽어보라고 시켰다.

아이는 '천지와 만물이 모두 만들어진 때'까지 읽었다. 시저는 책을 읽어준 보상으로 아이를 그의 아비 곁으로 돌려보내라고 명령하고 감옥을 떠났다.

이 이야기를 들은 현자가 말했다.

"아이는 단 한 권의 책만을 공부했지만 하나님은 그에게 큰 보상을 해주셨다. 성경과 그 주석서와 전설들까지 모두 공부했다면 얼마나 큰 보상이 따르겠는가!"

공부할 때

랍비 아키바가 마흔이 되었을 때 아내는 그에게 예루살렘으로 건너가 공부하라고 권했다.

"내 나이 벌써 마흔이에요. 이해력도 떨어질 테고 괜히 비웃음만 살 거요." 아키바가 말했다.

아내는 등에 상처가 난 당나귀를 데려와 약초를 듬뿍 붙여 치료해주었다. 그 모습이 무척 우스꽝스러웠다. 아내는 남편과 함께 당나귀를 끌고 시장에 나갔다. 당나귀를 보자 사람들이 큰 소리로 웃어댔다. 하지만 다음 날은 웃음소리가 잦아들었다. 그리고 셋째 날에는 웃는 이가 한 명도 없었다. 아내가 말했다.

"이제 공부하러 가세요. 당장은 사람들이 당신을 비웃겠지만 내일은 아무도 비웃지 않을 거예요. 그리고 그 다음 날에는 당신을 존중할 거예요."

공부에도 다 때가 있다고 생각한다면, 나이 마흔에 공부를 시작한 랍비 아키바가 훗날 무엇을 이루었는지 보라!

다윗과 모기

다윗 왕은 적장의 침실에 몰래 들어가 적장의 칼을 훔쳐 오기로 마음먹었다.

"당신의 칼이 여기 있다. 나에게 당신을 죽일 마음이 있었다면 당신은 이미 이 세상 사람이 아니다."

이렇게 훔쳐온 칼을 보여주고 적장의 간담을 서늘하게 한 다음, 싸우지 않고 항복을 받아낼 심산이었다.

다윗 왕은 기회를 틈타 적장의 침실 안으로 숨어들었다. 그러나 적장은 칼을 두 발로 꽉 누른 채 잠들어 있었다. 억지로 잡아당기다가는 잠을 깨울 터였다. 다윗 왕은 낭패감에 사로잡혔다.

마침 그때, 모기 한 마리가 적장의 발 위에 앉아 피를 빨았다. 그러자 적장은 무의식중에 발을 움직였다. 그 순간을 놓치지 않고 다윗 왕은 재빨리 칼을 빼낸 다음 재빨리 적진을 빠져나왔다.

다윗과 거미

다윗 왕은 원래 거미는 질색이었다. 장소를 가리지 않고 아무 데나 끈적한 집을 짓는, 더럽고, 징그럽고, 아무 짝에도 쓸모없는 벌레라고 생각하고 있었다.

어느 전쟁의 막바지에 그의 부대는 패배하여 이리저리 흩어지고 그는 적에게 포위 당한 채 쫓기고 있었다. 필사적으로 도망치던 그는 숲속에서 길을 잃었다. 어느 쪽으로 가야 할지 방향을 잡을 수가 없는데 사방에서 추적해 오는 적의 함성 소리가 요란했다. 그는 궁여지책으로 조그만 동굴 속으로 몸을 숨겼다. 적이 동굴을 찾아내면 그야말로 끝장이었지만 어차피 적에게 포위당해 있었기 때문에 더 이상 도망갈 데도 없었다.

동굴 입구에서 마침 거미가 집을 짓고 있었다. 평소 같으면 벌써 거미를 잡아서 저만큼 던져버렸겠지만 지금은 거미 따위에 신경 쓸 여유도 없었다.

이윽고 뒤쫓아 온 적군들이 숲을 뒤지는 소리가 들렸다. 동굴 앞에서 병사들이 말했다.

"거미줄이 쳐 있는 걸 보니 이 동굴은 보나마나야. 더 멀리 도망가기 전에 얼른 쫓아가자고."

벌거숭이 임금님

매우 상냥하고 친절한 부자가 있었다. 그는 노예를 해방하고 배에 많은 물건을 실어 주면서 말했다.

"어디든 좋은 데로 가서 행복하게 살아."

해방된 노예는 부푼 꿈을 안고 미지의 세계를 향해 배를 타고 떠났다. 그러던 어느 날 바다가 거칠게 일렁이는가 싶더니 순식간에 태풍이 몰아쳐 배를 집어삼키고 말았다. 악몽 같은 시간이 지나자 해방된 노예는 맨몸으로 어느 작은 섬 모래밭에 쓰러져 있었다.

그 거친 태풍 속에서 알몸으로라도 목숨을 건진 것을 감사해야 할 테지만 누려보지도 못하고 잃어버린 그 모든 것에 대한 상실감은 너무도 컸다. 문득 사람 소리가 들렸다. 돌아보니 섬의 원주민들이 그를 향해 달려오고 있었다. 어리둥절한 그를 둘러싸고 사람들이 크게 외쳤다.

"임금님 만세!"

호화로운 궁전에서 사치스러운 생활을 하게 된 해방된 노예는 꿈을 꾸고 있는 것이 아닌가 싶어서 어느 날 복도를 지나가는 남자를 붙들고 물었다.

"도대체 이게 어떻게 된 일인가? 나는 돈 한 푼 없이 맨몸으로 왔는데 갑자기 임금님이라니?"

"우리는 살아 있는 인간이 아닙니다."

임금님이 된 노예는 흠칫 놀라 몸이 뻣뻣해졌다. 남자가 씨익 웃더니 낮은 목소리로 속삭였다.

"영혼들이지요. 일 년에 한 번씩 살아 있는 인간을 이 섬에 데려와서 왕으로 삼고, 일 년이 지나면 죽음의 섬으로 보내 버립니다."

그의 손가락 끝이 가리키는 곳에 사막처럼 황량한 섬 하나가 덩그러니 떠 있었다.

임금님이 된 노예는 일 년 뒤를 대비해야겠다고 마음먹었다. 그는 매일 죽음의 섬으로 가서 꽃을 심고, 과일나무를 심으며 섬을 가꾸기 시작했다.

1년이 지났다. 그는 왕좌에서 쫓겨나 1년 전, 이 섬에 왔을 때와 똑같은 벌거숭이로 죽음의 섬으로 보내졌다.

그러나 사막 같기만 했던 황폐한 섬은 이제 더 이상 죽음의 섬이 아니었다. 나무마다 과일이 열려 아주 살기 좋은 땅이 되어 있었다. 먼저 그 섬으로 쫓겨나 죽을 날만 기다리던 사람들이 그를 따뜻이 맞아들였다. 그는 그들과 함께 그들만의 섬을 일구며 행복하게 살았다.

부자는 하나님, 노예는 사람의 영혼, 그가 갔던 처음의 섬은 지상 세계이며 그곳에 살고 있던 주민들은 인류, 일 년 뒤의 황폐한 섬은 내세, 꽃과 과일은 착한 행동이다.

행복도 생각하기 나름

어느 무더운 여름날이었다. 나무꾼은 그날도 아침부터 나무를 하고 있었다. 날씨가 너무 더워서인지 그는 그날따라 심한 피로를 느꼈다. 그는 도끼를 옆에 놓고 그대로 땅바닥에 드러누웠다. 저절로 한숨이 나왔다.

"나 같은 인간은 대체 뭐 하러 이 세상에 태어났을까? 하루하루가 지긋지긋한 고생일 뿐인데. 하루 종일 노예처럼 일해도 메마른 빵 한 조각 먹는 게 고작인데. 상인들은 빈둥빈둥 놀면서도 좋은 옷에 번쩍이는 금화를 들고 다니는데 나는 대체 이게 뭐냐고."

나무꾼은 어느새 잠이 들었다.

별처럼 아름다운 젊은이가 그의 앞에 나타났다.

"신께서 당신의 한숨소리를 들으시고 저를 보내셨습니다. 소원을 한 가지 들어드리겠습니다."

나무꾼의 소원은 딱 하나밖에 없었다. 더 생각할 것도 없이 그는 곧바로 말했다.

"제가 만지는 것이 모두 황금으로 변하게 해주세요."

"그렇게 될 것이오."

젊은이는 어깨를 으쓱하고는 사라졌다.

잠에서 깬 나무꾼은 일어나 앉았다. 꿈이었다니 아쉽기 짝이 없었다. 그는 그래도 혹시나 하면서 손을 뻗어 통나무를 만졌다. 통나무가 눈부신 황금으로 변했다. 그는 벌떡 일어섰다. 나뭇잎을 집어 들자 예쁜 황금 나뭇잎이 손에 들려 있었다.

그는 얼씨구나 신이 나서 소리쳤다.

"나는 이제 부자야. 세상에서 제일가는 부자야. 쓰레기조차도 내 손이 닿으면 황금이 되니까. 이제부터는 세상에서 가장 호화로운 집을 짓고 떵떵거리면서 보란 듯이 살 거야. 아이들에게도 세상에서 가장 좋은 것만 사줄 거야."

그는 기뻐 날뛰며 겅중겅중 숲속을 뛰어다녔다. 그가 지나가는 곳마다 숲은 온통 황금으로 바뀌고 있었다.

얼마나 지났을까? 흥분도 이제는 어느 정도 가라앉았다. 그 무더위에 더운 줄도 모르고 날뛰다 보니 목이 말라 죽을 지경이었다. 그는 나무를 하던 곳으로 가서 물병을 찾아 뚜껑을 열었다. 그러나 그것은 이미 황금으로 변해버린 뒤였다. 그는 큰소리로 울부짖었다.

"이게 뭐야? 결국 축복이 아니라 저주인 건가? 내가 만지는 것마다 모두 황금으로 변한다면, 대체 나는 무엇을 먹고 마신단 말인가? 돈이 아무리 많아도 굶어죽는다면 무슨 소용이람."

나무꾼은 다시 일어나 앉았다. 어느새 다시 잠들어 있었던 것이다. 그는 머리맡에 놓인 물병을 조심스럽게 집어 들고 뚜껑을 열었다. 물이 그대로 있었다. 그는 물을 마셨다. 세상에 태어나서 이렇게 맛있는 물을 먹어본 적이 없었던 것 같았다.

나무꾼은 정말 죽었다가 다시 살아난 느낌이었다. 그는 얼른 일어나서 땔감을 갈무리해 어깨에 지고 시장으로 향했다. 그는 마음속으로 이제 다시는 가난을 탓하지 않고 열심히 일하겠다고 다짐했다.

욕망은 처음에는 거미줄처럼 가늘지만 나중에는 배를 묶어 두는 밧줄처럼 굵어진다. 욕망은 처음에는 낯선 손님처럼 어색해 보이지만 나중에는 마침내 당당한 집 주인이 되고 만다.

여우와 물고기

여우가 시냇가를 지나다가 물고기들이 급하게 헤엄쳐 다니는 것을 보고 물었다.

"왜 그렇게 급히 헤엄쳐 다니니?"

"인간이 쳐놓은 그물에 걸리지 않으려고 그래."

"그럼 이리로 나와. 내가 지켜줄게."

"여우들은 모두 머리가 좋다고 들었는데 그렇지도 않군. 우리가 이제껏 살아 온 물속에서조차 이렇게 무서워 떨고 있는데, 땅으로 올라가면 무슨 일이 일어날지 어떻게 알아?"

랍비 아키바는 말했다.

"유대인들에게 학문은 물고기에게 물과 같은 것이어서, 물고기가 물을 떠나 언덕에 올라가면 죽는 것처럼 유대인들은 어떻게 해서든지 배워야만 살 수 있다."

앵무새의 조언

사람처럼 말을 할 줄 아는 애완용 앵무새가 있었다. 앵무새의 주인인 공주는 매일 아침 앵무새를 찾아와 새장 앞에 서서 얘기를 나누었다. 어느 날 아침, 공주가 떠나자 앵무새는 혼자 중얼거렸다.

"수다 떠는 너는 재미있겠지만 나는 아니거든. 아, 하늘로 날아갈 수만 있다면 얼마나 좋을까."

어느 날 앵무새는 공주가 시중을 드는 노예에게 이웃 나라에 가서 향수를 사오라고 시키는 것을 들었다. 앵무새는 노예가 새장 앞을 지나갈 때를 기다리고 있다가 그에게 이렇게 속삭였다.

"부탁이 있어요. 여행 중에 혹시 앵무새를 만나면 제 친척일지도 모르니까 인사를 전해주세요. 제가 새장 안에 갇혀서 얼마나 비참하게 지내는지도 전해주세요."

동병상련이라고 노예는 새장에 갇힌 앵무새가 가여워서 꼭 그렇게 하겠다고 약속했다.

이웃 나라를 향해 길을 떠난 노예는 어느 날 공주의 앵무새와 똑같이 생긴 새들이 하늘을 날고 있는 것을 발견했다. 그는 먼저 새들에게 큰소리로 인사를 하고 나서 앵무새의 말을 전했다.

그러자 그 중 한 마리가 그의 무릎 위에 내려앉았다. 그는 기뻐하며 새를 쓰다듬었다. 그런데 아무래도 새는 죽은 것 같았다. 흔들어도 전혀 반응이 없었다. 그는 실망해서 새를 멀리 내던져 버렸다. 그러자 새는 날개를 활짝 펴고 하늘 높이 날아 가버리는 것이었다.

얼마 후, 왕궁으로 돌아온 노예는 앵무새에게 그 이상한 일에 대해 자세히 이야기해 주었다. 앵무새는 별 반응 없이 그냥 듣기만 했다.

이튿날 아침, 공주가 앵무새의 새장을 찾았다. 앵무새는 죽어 있었다. 공주는 앵무새가 자기 허락도 없이 죽었다며 화를 냈다. 그러고는 시중을 드는 노예에게 앵무새를 밖으로 던져버리라고 소리쳤다. 노예가 앵무새를 밖으로 던지자 앵무새는 날개를 활짝 펼치더니 하늘 높이 날아가 버렸다.

그제야 비로소 노예는 그 이상한 앵무새의 조언이 무엇이었는지 깨달았다.

근심도 남다르게

훌륭한 상인으로 정평이 나 있는 랍비가 상황 판단을 잘못하는 바람에 어떤 사업에 모든 재산을 걸었다가 하루아침에 몽땅 날릴 위기에 처해 있었다. 그의 제자들은 소문을 듣고 스승을 위로하기 위해 달려갔다.

그러나 뜻밖에도 랍비는 평소와 마찬가지로 조용히 자기 연구에 몰두해 있었다. 제자들이 물었다.

"존경하는 랍비님, 괜……찮으세요? 굉장히 걱정하고 계실 줄 알았는데요."

랍비는 태연히 대답했다.

"너희도 알다시피 하나님께서는 나를 축복하셔서 두뇌 회전이 빠르게 하셨잖니? 다른 사람들이 한 달 동안 걱정할 일을 나는 1시간 만에 다 할 수 있단다."

어떤 사람이 현명한 사람인가?

모든 것에서 배움을 얻고자 하는 사람이다.

어떤 사람이 굳센 사람인가?

자기 자신을 잘 절제하는 사람이다.

어떤 사람이 부자인가?

가진 것에 만족하는 사람이다.

2
아낌없이 베푸는 사람들

모든 것을 얻으려면, 모든 것을 주어라. 어떤 것도 구하지 말고 어떠한 것도 도로 요구하지 마라.

모르는 사람에게 베푸는 친절은 천사에게 베푸는 친절과 같다. 유대인은 자기보다 더 어려운 사람을 만나면 집으로 초대하여 식사를 대접한다. 그것이 언젠가는 미래를 밝혀주는 희망의 등불이 된다는 것을 너무나도 잘 알고 있기 때문이다.

체데카의 레벨

1. 수혜자가 자립할 수 있게 돕는 것
2. 수혜자와 기부자가 서로 모르는 상태에서 주는 것
3. 수혜자의 정체를 아는 상태에서 주는 것 (수혜자는 기부자를 모름)
4. 수혜자의 정체를 알지 못하면서 주는 것 (수혜자는 기부자를 앎)
5. 요청을 받기 전에 주는 것
6. 요청을 받은 다음 주는 것
7. 줘야 하는 것보다 적게 주는 것 (그러나 기쁘게)
8. 아깝지만 마지못해 주는 것.

탈무드의 나눔 철학에서 체데카(자선)는 관대한 행동이 아니라 의무다. 또한 스스로 돈을 벌 수 있는 방법이 전혀 없는 사람에게 체데카를 거절하는 것은 규칙 위반으로 여겨진다. 출혈을 방치하는 것과 같기 때문이다. 어떤 종류의 체데카는 다른 것보다 더 훌륭하다. 기부금의 액수보다 마음이 중요한 것이다.

자선의 힘

평생 이기적으로 살아온 남자가 병석에 누운 채 죽을 날만 기다리고 있었다. 그는 가족들에게 말했다.

"삶은 달걀을 먹고 싶구나."

가족들이 막 삶은 달걀을 내왔을 때 거지가 찾아와서 먹을 것을 구걸했다.

임종을 눈앞에 둔 남자는 가족에게 자신을 위해 준비한 음식을 거지에게 주라고 말했다. 그리고 3일 뒤 그는 세상을 떠났다.

장례식이 끝난 뒤 남자는 아들 앞에 나타났다. 깜짝 놀라는 아들에게 남자가 말했다.

"너는 살아서 자선을 많이 베풀어라. 생각해 보니 내가 한 자선은 죽기 전에 거지에게 삶은 달걀을 준 게 전부더구나. 하지만 그 한 번의 자선으로 인해서 나는 내가 지은 모든 죄를 용서받았단다."

자선에 대한 4가지 태도

1. 질투가 많은 사람

스스로 자선을 베풀지만, 다른 사람이 자기와 똑같이 자선을 베푸는 것을 기뻐하지 않는다.

2. 이기적인 사람

다른 사람이 자선을 베푸는 것을 바라면서도 자기는 자선 따위는 베풀고 싶어 하지 않는다.

3. 착한 사람

자기도 기꺼이 자선을 베풀고 다른 사람도 자선을 베풀 것을 바란다.

4. 악한 사람

자기도 자선을 베풀지 않고 다른 사람이 자선을 베푸는 것도 싫어한다.

살아 있는 바다

이스라엘에는 요단강 가까이에 두 개의 아주 큰 호수가 있다. 하나는 사해이고 또 다른 하나는 히브리어로 '살아 있는 바다'라고 불리는 호수이다. 사해, 즉 죽음의 바다는 다른 곳에서 물이 들어오지만 아무 데로도 나가지 않는다. 한편 살아 있는 바다 쪽은 물이 들어오는 대신 다른 곳으로 물이 나간다.

자선을 베풀지 않는 것은 사해와 같다. 그러나 자선을 베풀면 살아 있는 바다처럼 물이 들어와서 다시 나간다. 우리들은 살아 있는 바다가 되지 않으면 안 된다.

랍비 힐렐의 착한 일

어느 날 힐렐이 거리를 급히 걸어가고 있었다. 학생들이 그를 발견하고 달려와 물었다.

"선생님, 어디를 그렇게 급히 가세요?"

"착한 일을 하기 위해서 가고 있단다."

학생들이 무슨 일인지 궁금해서 따라가 보니, 힐렐은 대중목욕탕으로 들어가고 있었다. 학생들이 놀라서 힐렐에게 다시 물었다.

"선생님, 목욕이 착한 일이에요?"

"자신의 몸을 청결히 하는 것은 대단히 착한 일이란다. 저기 로마 사람들을 보아라. 저들은 수많은 동상들을 쓸고 닦고 애지중지하지만, 동상을 닦는 것보다 자신의 몸을 깨끗이 하는 것이 진짜 중요한 선행이란다."

친절

유럽의 어느 유대인 거리에 명망 높은 랍비가 살고 있었다. 랍비의 아들이 어느 날 아버지에게 말했다.

"성서에 나오는 현자나 성인을 만나고 싶어요."

아들은 고대의 사람들이 1년에 며칠 동안 지상으로 돌아온다는 전설을 믿고 있었다. 랍비는 대답했다.

"네가 경건하게 생활하면 만날 수 있을 거야."

아들은 열성적으로 올바른 생활을 실천했다. 그렇게 반년이 지났지만 아무 일도 일어나지 않았다.

"인내심을 가져라. 아침에 올바른 행동을 했다고 해서 저녁 때 모세를 만날 수 있는 것은 아니지 않니?"

아버지의 말씀이 옳다고 생각하며 아들은 기다렸다.

드디어 1년이 지났다.

아들이 혼자 시너고그(유대교 회당)를 지키고 있을 때, 누더기를 걸친 거지가 와서 하룻밤 재워달라고 부탁했다. 아들은 이곳이 어딘 줄 아느냐, 호텔도 아니고 레스토랑도 아닌 신성한 시너고그다, 어딜 감히 거지 따위가 와서 재워달래냐고 호통을 쳤다.

거지는 그럼 먹을 것이라도 조금만 달라고 부탁했지만, 아들은 매몰차게 거지를 내쫓아버렸다.

그날 저녁, 랍비는 아들에게 여느 때처럼 물었다.

"오늘은 어떻게 지냈니?"

아들은 감히 시너고그에서 재워달라고 찾아왔던 무례하기 짝이 없는 거지를 냉큼 쫓아버린 이야기를 했다.

랍비는 하늘을 우러르며 탄식했다.

"그분이 네가 그토록 기다리던 성서의 인물이란다."

아들은 당황하며 안타깝게 말했다.

"아! 그럼 저는 평생 오늘 일을 후회하면서 살아야 하는 건가요?"

랍비가 말했다.

"그렇지는 않아. 그 분은 반드시 또 오실 거야. 그러나 언제 어떤 모습으로 오실지는 아무도 모른단다."

모르는 사람에게 베푸는 친절은 천사에게 베푸는 친절과 같다. 유대인은 자기보다 더 어려운 사람을 만나면 집으로 초대하여 식사를 대접한다. 그것이 언젠가는 미래를 밝혀주는 희망의 등불이 된다는 것을 너무나도 잘 알고 있기 때문이다.

조건반사

탐험가 두 사람이 아이거 북벽을 기어오르고 있었다. 높이 1,800미터의 얼음과 눈과 바위로 이루어져 알프스의 3대 북벽 중에서도 가장 높고 험악한, 일명 죽음의 북벽이라 불리는 곳이었다.

두 사람은 혼신의 힘을 다해 조금씩 정상을 향해 올라갔다. 하지만 워낙 험하고 가파른 곳이었다. 순간 위에 있던 사람이 발을 헛디뎌 미끄러지는 바람에 아래 있던 사람까지 벼랑에서 떨어졌다. 다행히 자일이 바위 끝에 걸려 두 사람은 허공에 매달려 구조를 기다리는 신세가 되었다.

스위스 구조대의 헬리콥터가 날아와 확성기로 두 사람을 격려했다.

"적십자 구조댑니다."

두 사람은 입을 맞춘 듯이 대답했다.

"벌써 기부했는데요."

선행의 가치

두 사나이가 길을 걸어가다가 길모퉁이에 앞 못 보는 거지가 앉아 있는 것을 보았다. 한 사나이는 주머니에서 동전을 꺼내주었는데, 다른 한 사나이는 그 거지를 못 본 척 그냥 지나쳤다. 길모퉁이를 돌아서자 죽음의 신이 두 사람 앞에 나타났다.

"가엾은 거지에게 동전을 적선한 사람은 앞으로도 50년 더 나를 두려워 해야 할 것이다. 그러나 못 본 척 지나친 사람은 더 이상 나를 두려워 할 필요가 없다. 이제 곧 죽게 될 테니."

동전을 주지 않았던 사나이가 허둥대며 말했다.

"지금 바로 가서 거지에게 동전을 주겠습니다."

죽음의 신이 말했다.

"배를 타고 나갈 때, 그 배 밑바닥에 구멍이 뚫렸는지 어떤지를 바다에 나가서 조사해 보겠단 말이냐?"

마법 사과

임금님의 외동딸이 알 수 없는 병에 걸려 시름시름 앓고 있었다. 의사란 의사는 다 불러다 보이고, 좋다는 약은 다 구해 먹였지만 공주는 일어나지 못했다.

임금님은 지푸라기라도 잡는 심정으로 전국 방방곡곡에 포고문을 써 붙였다.

"누구라도 공주의 병을 치료해 준다면 그를 공주와 결혼시켜 왕위 계승자로 삼겠다."

왕궁에서 아주 멀리 떨어진 산골에 3형제가 살고 있었다. 맏이는 무엇이든 볼 수 있는 마법 망원경을 갖고 있었고, 둘째는 어디든 단숨에 날아갈 수 있는 마법 융단을 갖고 있었으며, 막내는 어떤 병이라도 고칠 수 있는 마법 사과를 갖고 있었다.

마법 망원경으로 세상을 구경하던 맏이가 포고문을 발견하고 동생들을 부르며 큰소리로 외쳤다.

"공주님이 아프대."

"공주님의 병을 고쳐주면 공주님과 결혼할 수 있대."

망원경을 들여다보며 둘째가 외쳤다.

"공주님과 결혼하면 왕이 되는 거잖아."

막내가 외쳤다.

3형제는 마법 융단을 타고 왕궁으로 날아갔다. 공주에게 마법 사과를 먹이자 공주는 씻은 듯이 병을 털고 일어났다. 임금님은 감격에 겨워 눈물을 흘렸다. 공주의 쾌차를 축하하는 잔치로 온 나라가 들썩였다.

"만일 이 망원경이 없었다면 우리는 공주님이 아프다는 사실조차 몰랐을 거야." 맏이가 말했다.

"마법 융단이 없었다면 어떻게 단숨에 이렇게 먼 곳까지 올 수 있었겠어?" 둘째가 말했다.

"그렇다 해도 내 사과가 없었다면 공주님의 병은 고치지 못했을 거야!" 막내도 지지 않고 말했다.

임금님은 마침내 결단을 내렸다.

"맏이는 아직 마법 망원경을 갖고 있다. 둘째 역시 마법 융단을 여전히 갖고 있다. 그러나 막내는 공주가 마법 사과를 먹어버렸기 때문에 아무 것도 없다. 그는 자기가 가진 모든 것을 준 것이다. 그러므로 그가 상을 받게 될 것이다."

나무의 열매

길을 가던 나그네가 뜰에서 묘목을 심고 있는 노인을 보고 물었다.

"어른께서는 그 나무에서 언제쯤 열매가 열릴 것이라고 생각하십니까?"

"70년쯤 지나면 열리겠지요." 노인이 대답했다.

"어른께서는 그때까지 사실 수 있을까요?"

나그네가 묻자 노인은 빙그레 웃었다.

"그럴 리가 있나. 그러나 내가 태어났을 때 우리 집 뜰에는 온갖 과일이 풍성했다오. 내가 태어나기 훨씬 전에 할아버지가 나를 위해 묘목을 심어 두신 덕분이지요. 나도 할아버지처럼 그렇게 하는 거라오."

맹인의 등불

달도 없는 캄캄한 밤이었다. 조심조심 길을 가던 한 남자가 맞은편에서 등불을 들고 걸어오는 맹인을 보았다. 하도 이상해서 남자가 물었다.

"앞 못 보시는 분이 왜 등불을 들고 다니세요?"

맹인이 대답했다.

"내가 등불을 들고 있으면 눈뜬 사람들이 내가 걸어가고 있다는 것을 알게 되지요."

보트의 구멍

작은 보트를 가진 사나이가 있었다. 그는 해마다 여름이 되면 가족들을 보트에 태우고 호수로 나가 물고기를 낚거나 하면서 물놀이를 즐겼다.

그 해에도 가족들과 물놀이를 하면서 즐겁게 지내는 동안 어느새 여름이 끝나가고 있었다. 그는 보트를 갈무리해 두려고 뭍으로 끌어 올리다가, 보트 바닥에 작은 구멍이 뚫려 있는 것을 발견했다. 그러나 이제 여름은 다 지나갔고 다음 여름은 아직 멀었으니 언제 시간나면 고치리라 생각하고 보트를 그냥 창고에 넣었다.

그러고 나서 그는 보트의 구멍에 대해서는 까맣게 잊어버리고 말았다. 겨울이 왔다. 그는 칠장이를 불러 보트에 칠을 다시 하도록 했다.

이듬해 여름은 생각보다 일찍 찾아왔다. 그의 두 아이는 당장 보트를 타고 호수로 나가고 싶어서 안달이었다. 그는 조심하라는 말과 함께 아이들이 보트를 호수에 띄우는 것을 선선히 허락했다.

두어 시간이 지났다. 갑자기 보트에 구멍이 뚫려 있었다는 사실이 그의 머리를 강타했다. 아이들은 보트는 잘 다뤘지만 수영은 잘 하지 못했다.

당혹스러운 절망감에 소스라치며 그는 튕기듯 바깥으로 뛰쳐나갔다. 마침 두 아이가 보트를 끌고 돌아오고 있었다. 그는 달려가 두 아이를 끌어안았다. 기도가 저절로 나오는 순간이었다.

그는 보트 바닥을 살펴보았다. 보트는 멀쩡했다. 누군가 보트의 구멍을 잘 막아 놓았던 것이다.

곰곰이 생각해 보니 아무래도 칠장이밖에 없었다. 보트를 칠하면서 구멍도 메워준 것이라고 판단한 그는 선물을 사들고 칠장이에게 인사하러 갔다.

"보트를 칠하고 분명히 대금을 지불받았는데 왜 이런 선물까지 주시는 겁니까?" 칠장이가 물었다.

"보트에 뚫린 구멍을 고쳐 주셨잖아요. 올해 보트를 다시 사용하기 전에 고치려고 생각하고 있었는데 깜박 잊고 말았습니다. 구멍을 막아 달라고 부탁하지 않았는데도 말끔히 고쳐주신 덕분에 아이들의 생명을 구할 수 있었습니다."

자기가 하는 일에 자부심을 갖고 있는 사람은 시키지 않아도 해야 할 일을 한다. 또한 그것을 알아봐 주는 것도 보통 사람들로서는 좀처럼 할 수 없는 일이다.

베풀면 돌아온다

예루살렘 근처에 규모가 아주 큰 농장이 있었다. 농장 주인은 자선사업에 관심이 많은 농부로, 해마다 랍비들이 농장을 방문하여 그의 아낌없는 기부금을 받아가곤 했다.

어느 날 어마어마한 태풍이 그 지역을 완전히 쓸어버렸다. 그의 농장은 형태도 없이 사라지고, 가축들도 물에 휩쓸려 떠내려가거나 전염병이 퍼져서 모두 죽고 말았다. 상황이 이쯤 되자 위기감을 느낀 채권자들이 그의 재산을 모두 차압해 버렸다.

이제 그에게는 땅이 아주 조금 남아 있을 뿐이었다. 그러나 그는 태연자약하게 말했다.

"하나님이 주신 것을 다시 거둬 가신 걸 뭐!"

그 해에도 어김없이 랍비들이 찾아왔다. 랍비들은 그 어마어마한 농장이 이렇게 몰락해버린 것을 보고 충격을 받았다. 그러나 그런 와중에도 농장 주인은 랍비들을 빈손으로 돌아가게 할 수는 없다고 생각했다.

그래서 마지막 남아 있는 조그만 땅의 절반을 팔아서 랍비들에게 헌금했다. 랍비들은 뜻밖의 헌금을 받고는 매우 놀랐다.

이제 농장 주인은 남은 절반의 땅에서 더욱 부지런히 일했다. 어느 날 밭갈이를 하던 소가 그만 진흙탕 속에 미끄러져 쓰러졌다. 그에게 남은 재산이라곤 그 조그만 땅덩어리와 소 한 마리 뿐이었다.

가까스로 소를 진흙탕에서 끌어냈는데, 소의 발에 보물들이 주렁주렁 걸려 나왔다. 진흙탕 속을 파보니 보물 상자가 묻혀 있었다. 농부는 이제 전보다 훨씬 더 부자가 되었다.

이듬해 다시 농장을 찾아 온 랍비들은 오는 내내 마음이 무거웠다. 헌금을 하고 남은 그 절반의 조그만 땅으로 어떻게 사는지, 올해에도 그 조그만 땅을 절반 또 팔아주면 어떻게 할지 걱정하고 있었던 것이다.

그런데 농부는 다시 부자가 되어 있었다. 랍비들을 맞은 농장 주인은 지난 1년 동안에 일어났던 일을 설명하고, 아낌없이 자선을 베풀면 반드시 되돌아온다며 웃었다.

당신은 해야 할 일을 하고 있는가? 이 질문은 아주 중요하다. 당신이 이 세상에 살고 있는 유일한 목적은 이 짧은 생애를 허락한 신이 당신에게 맡긴 일을 잘 수행하고 있는가에 달려 있기 때문이다.

초대 받지 않은 사람

두 번째 성전이 무너진 뒤 가말리엘 2세가 말했다.

"역법을 정해야 하니 내일 아침에 일곱 명의 학자가 회당에 모이기로 합시다."

다음 날 아침 가말리엘 2세가 회당에 도착하자 여덟 사람이 나와 있었다. 누군가 초대받지 않은 사람이 섞여 있는 것이었다. 그러나 그 여덟 번째 사람이 누구인지 알 수가 없어서 그가 말했다.

"여기에 올 이유가 없는 사람은 돌아가시오."

그러자 누가 봐도 그 자리에 있어야 할 사람이 자리에서 일어나서 말했다.

"제가 바로 초대받지 않은 자입니다. 법률을 공부한 학자로서 함께 참여해 보고자 왔습니다."

사실 그 자리에 초대받지 않은 사람은 다른 사람이었다. 그러나 그는 잘못 알고 나온 사람이 굴욕감을 느끼지 않도록 먼저 말을 꺼낸 것이었다.

병문안

제자가 아프다는 소식을 듣고 랍비 아키바는 즉시 그를 병문안하기 위해 길을 나섰다. 제자는 스승이 온다는 전갈을 받고 아픈 몸을 일으켜 마당을 쓸고 먼지가 나지 않도록 물을 뿌리며 청소하기 시작했다.

그것이 운동을 한 셈이 되었는지 서서히 병세가 좋아지는가 싶더니 저녁쯤 되자 제자는 기력을 완전히 회복했다. 제자는 스승에게 엎드려 절하며 말했다.

"선생님께서 저를 살리셨습니다."

병문안을 마치고 돌아온 랍비는 제자들에게 말했다.

"병문안을 가지 않는 자는 살인자와 같다. 병문안은 병자의 회복을 앞당겨준다."

가난의 무게

안식일 전날 밤이었다. 그는 급한 일을 처리하느라 평소보다 늦게 집으로 돌아가고 있었다. 집 근처에서 허름한 옷을 입은 남자가 안식일을 보내야 하니 적선을 좀 해달라고 구걸했다. 그는 어떻게 이제야 안식일에 쓸 음식을 준비하냐며 거짓말하지 말라고 화를 냈다.

집에 돌아와 옷을 갈아입으며 그는 아내에게 방금 있었던 일을 얘기해 주었다. 아내가 근심스럽게 말했다.

"당신이 잘못한 거 같아요. 당신도 가난이 얼마나 힘든 건지 알잖아요. 어릴 때 우리 아버지도 날이 어둑해질 때에야 마른 빵을 들고 분주히 집으로 들어오시곤 했어요. 그 남자도 아마 그럴 겁니다."

그는 황급히 밖으로 나가 그 남자에게 빵과 생선, 고기와 술을 사주고 안식일을 잘 보내라고 축복했다. 그리고 좀전의 행동을 용서해 달라고 빌었다.

뉘우침은 자신의 영혼을 정화하고 선한 생활을 준비하는 것이다. 아직 힘이 있을 때 죄를 뉘우쳐라. 등잔불이 꺼지기 전에 기름을 부어야 하는 법이다.

농담

나이 든 유대인 여자가 혼자 흔들다리를 건너고 있었다. 중간쯤 건넜을 때 바람이 심하게 불어서 다리가 무섭게 흔들렸다. 다리 난간을 꼭 붙잡고 여자가 외쳤다.

"하나님, 이 다리를 안전하게 건너게 해주시면, 제 재산의 반을 기부하겠습니다."

거짓말처럼 바람이 뚝 그쳤다. 그녀는 부들부들 떨면서 다리를 건너 거의 끝부분에 도착했다.

"겨우 다 왔네. 재산의 반을 기부하는 건 아무래도 너무 심한 일이야. 하나님, 아까 그 말은 취소합니다."

그러자 다리를 뒤집어버릴 것처럼 다시 바람이 세차게 불기 시작했다. 그녀는 비명을 지르며 외쳤다.

"농담이에요, 농담! 하나님은 농담을 너무 심각하게 받아들이시네요."

신은 모든 것을 보고 있다. 하지만 우리는 신을 볼 수 없다. 마찬가지로 정신은 우리 눈에 보이지 않는 모든 것을 보고 있다.

가장 현명한 선택

어느 날 세 명의 현자가 함께 길을 걸어가고 있었다. 길모퉁이에 수상한 자루가 놓여있는 것을 발견하고 열어보니 금화가 가득 들어 있었다. 현자들은 각자 하나님을 위해 그 돈을 어떻게 사용할지 가장 훌륭하고 재치 있는 말을 한 사람이 돈을 다 갖기로 합의했다.

첫 번째 현자가 말했다.

"땅에 선을 그은 다음, 금화들을 하늘로 던져서 선의 오른쪽으로 떨어진 금화는 하나님을 위해 바치고 선의 왼쪽으로 떨어진 금화는 내가 취하겠소."

두 번째 현자는 미소를 지으며 말했다.

"나는 땅에 원을 그린 다음에, 역시 금화들을 하늘로 던져서 원안에 떨어진 금화는 하나님을 위해 쓰고, 원밖에 떨어진 금화는 내가 취하겠소."

세 번째 현자, 유대인의 스승 랍비는 이렇게 말했다.

"두 분 모두 현명하십니다. 하지만 하나님은 전지전능하시니 내가 이 금화를 하늘로 던지면 필요하신 만큼 취하실 테지요. 그러니 나머지 땅으로 떨어지는 금화는 모두 이 세상을 위해 쓰겠습니다."

부자들이 남을 돕지 않는 이유

"랍비님, 가난한 사람들은 서로 힘자라는 데까지 도우면서 사는데 부자들은 그렇게 돈이 많으면서도 왜 남을 돕지 않는지 저는 참 알 수가 없습니다."

어떤 남자가 순박한 표정으로 랍비에게 말했다.

랍비는 남자를 이끌고 창가로 갔다.

"창밖을 보세요. 무엇이 보입니까?"

"어떤 여자가 아이의 손을 잡고 걸어가는 게 보입니다. 자동차가 몇 대 지나갔고, 지금 차 한 대가 신호를 기다리고 있네요."

"그래요? 그럼 이제 벽에 있는 거울을 보세요. 무엇이 보입니까?"

남자는 거울 앞으로 가서 거울을 들여다보았다.

"제 얼굴밖에 안 보이는 데요."

"그렇죠? 거울이나 창이나 유리로 되어 있긴 마찬가진데, 거기에다 은칠을 조금만 하면 자기 모습밖에는 보이지 않게 된답니다."

가난한 과부의 빵

어느 바닷가 마을에 어부들의 찢어진 어망을 기워주며 사는 가난한 과부가 있었다. 그런데 악천후가 계속되어 어부들이 바다에 나가지 못하게 되자 그녀 또한 일손을 놓게 되었다. 당장 먹을 빵도 없어 쫄쫄 굶던 과부는 용기를 내어 부잣집으로 구걸을 하러 갔다.

"저는 며칠 동안 아무 것도 먹지 못했어요. 부디 저에게 빵을 좀 나눠주세요." 과부가 간청했다.

"공짜로 남의 물건을 받고자 하는 것은 죄요. 나는 죄에 가담하고 싶지 않소." 부자가 대답했다.

"그럼 빵을 좀 빌려 주세요."

"남에게 빌리는 자는 빌려준 자의 노예가 된다 했소. 나는 당신을 노예로 만들고 싶지 않소."

"그럼, 제가 굶어 죽는 것은 괜찮다는 겁니까? 그걸 하나님이 기뻐하실까요?"

"그렇지 않소. 소유자가 없는 물건을 줍는 것은 죄가 되지 않으니까 내 창고에 가서 바닥에 떨어져 있는 밀가루를 모아서 가져가요."

과부가 안내를 받아 창고에 들어가 보니 과연 창고 여기저기에 밀가루가 제법 많이 쌓여 있었다.

그녀는 밀가루를 정성껏 쓸어 모아 집으로 가져가서 큼직한 빵을 세 개나 구웠다. 김이 모락모락 나는 갓 구운 빵을 먹으려고 막 집어 드는데 급박하게 그녀의 오두막집 문을 두드리는 소리가 들렸다.

"부탁입니다. 제발 먹을 것을 좀 주세요. 벌써 사흘째 아무 것도 먹지 못했어요."

그녀는 불쌍한 생각이 들어 빵 한 개를 그에게 주었다. 그는 빵을 받아들고 어둠 속으로 사라졌다. 그녀는 자신도 남에게 빵을 줄 수 있었다는 것에 기뻐하며 감사의 기도를 드렸다. 다시 누군가 다급하게 문을 두드리는 소리가 들렸다.

"제발 살려주세요. 배가 고파서 죽을 것 같습니다."

남자는 도적떼의 습격을 피해 간신히 목숨만 건져 도망쳐 왔다고 말했다. 그녀는 두 번째 빵을 그에게 주었다. 남자는 빵을 들고 어둠 속으로 사라졌다. 그녀는 또 한 번 좋은 일을 했다는 사실에 기뻐하며 감사의 기도를 드렸다. 하지만 마지막 남은 빵을 집어 드는 순간 폭풍우가 휘몰아치더니 오두막집 지붕을 순식간에 날려버리고 과부의 손에 있던 마지막 빵까지도 날려버렸다.

이튿날 아침, 과부는 멍하니 조용한 바다를 바라보며 생각에 잠겨 있었다. 어젯밤 일은 아무리 생각해도 납득할 수가 없었다. 두 개의 빵은 자신이 원해서, 곤경에 빠진 사람에게 준 것이지만 마지막 빵은 왜 바람이 가져가 버린 것일까?

하나님은 과부와 고아를 보살펴 주신다고 했는데 왜 그랬을까? 그녀는 결국 바람의 부당한 처사에 대해 솔로몬 왕에게 호소하기로 마음먹었다.

과부가 왕궁으로 찾아가서 솔로몬 왕에게 바람을 고소하고 물러나자 차례를 기다리던 세 명의 아랍 상인들이 솔로몬 왕 앞에 나왔다.

그들은 값비싼 물건들을 배에 싣고 바다를 건너다가 폭풍우를 만났는데 배에 구멍이 뚫렸는지 배 안으로 물이 들어와 침몰 위기에 처했다. 아무리 기도해도 소용이 없자 그들은 마지막으로 이스라엘 민족의 신에게 구해 달라고 빌었다. 구해 주면 배에 있는 금은보화를 바치겠다고 맹세했다.

그 순간 하늘에서 뭔가 날아오더니 배 바닥에 뚫린 구멍을 막아버리고 그토록 거세게 몰아치던 폭풍우도 잠잠해졌다. 그들은 솔로몬 왕 앞에 소중하게 갈무리해 두었던 물건을 바치며 말했다.

"이것이 그때 날아와 구멍을 막았던 물건입니다. 살펴보니 막 구워낸 빵이었습니다. 맹세를 지키기 위해 어디에 보물을 바쳐야 할지 알려주십시오."

왕은 즉시 과부를 불러오게 했다. 과부는 찬찬히 빵을 살펴보고 자기가 구운 빵이 맞다고 말했다.

"이 보물은 모두 그대의 것이다. 하나님께서 그대의 선행을 이렇게 갚으신 것이다." 왕이 말했다.

영원히 더러운 과자

돈 많은 구두쇠가 집에 가면서 먹으려고 과자를 딱 한 개 샀다. 그런데 걸어가다가 떨어뜨리는 바람에 진흙이 묻고 말았다. 바로 그때, 거지가 와서 적선을 청했다. 구두쇠는 거지에게 그 더러운 과자를 주었다.

그날 밤 구두쇠는 꿈을 꾸었다.

그는 사람들이 바글바글한 찻집에 앉아 있었다. 웨이터들이 손님들 사이를 누비며 향긋한 과자와 차를 나르고 있었다. 그런데 그의 자리에는 아무도 오지 않는 것이었다. 한참을 안절부절하며 기다린 끝에 웨이터가 오더니 더러운 과자를 하나 놓고 돌아섰다.

"이걸 먹으라고 주는 거야? 내가 거진 줄 알아?"

구두쇠가 소리치자 웨이터가 다시 돌아서며 말했다.

"이곳은 영원의 찻집입니다. 여기서 주문할 수 있는 것은 당신이 시간의 세계에서 미리 보낸 것뿐입니다. 이 과자는 당신이 보낸 유일한 것이고요."

남을 두려워하는 것처럼 신을 두려워하라. 자기가 저지른 죄를 혹시 남이 알지 않을까 두려워하면서, 신에 대한 두려움은 없단 말인가?

사기꾼도 겸손하게 만드는 관대함

자비롭고 이해심 많은 랍비에게 어떤 사람이 찾아와, 아내가 병들었는데 치료할 돈이 없다면서 10루블을 청했다.

당장 갖고 있는 현금이 없었던 랍비는 그에게 은촛대를 주면서 말했다.

"이것을 가져다가 10루블에 저당 잡혀요. 나중에 내가 가서 찾으리다."

얼마 뒤 랍비가 전당포에 촛대를 찾으러 갔더니 놀랍게도 그 사람이 20루블을 가져갔다는 것이었다.

"랍비님, 그 사람은 사기꾼입니다. 잡아서 물어내게 해야 해요."

전당포 주인은 다른 사람도 아니고 랍비님을 속이는 그런 나쁜 놈은 혼내야 한다면서 열을 냈다.

"그렇지 않아요. 이 불행한 사람은 아주 겸손하고 사려 깊소. 20루블이 필요했는데도 나에게 10루블 이상을 얘기할 용기가 나지 않았던 게요."

랍비가 말했다.

3
자신만의 삶을 사는 사람들

사람들은 대부분 자신이 보고 싶은 것만 보고, 듣고 싶은 것만 들으면서 산다. 본인은 자기만의 삶을 산다고 생각하지만 사실은 남이 원하는 삶을 살고 있는 것이다.

월급이 많고 안정적이며 휴가가 많다는 이유로 일을 선택하는 것은 지루한 인생이라는 족쇄를 스스로에게 채우는 것이다. 좋아하는 일을 하는 사람, 소신대로 살아가는 사람은 행복하다. 성공에 대해 잊을 수 있는 사람만이 행복할 수 있다. 이 세상의 모든 사람들이 자기가 좋아하는 일을 하고 있다면 세상은 얼마나 평화로울까?

성공이란 무엇인가?

황급히 뛰어가는 사람을 따라 달리며 랍비가 물었다.

"무슨 일로 이리 바삐 가시오?"

"빨리 앞으로 가서 성공하려고요."

여전히 달려가고 있는 사람을 여전히 따라 달리며 랍비가 말했다.

"성공이 저 앞에 있다는 걸 어찌 아시오? 성공은 어쩌면 당신 뒤에서 당신이 멈춰주기를 기다리고 있을지도 모른답니다."

앞으로만 내달리는 현대인들에게 탈무드는 묻는다.

"무슨 일로 그리 바삐 가시오?"

인간의 다섯 부류

갑작스러운 폭풍우에 사람을 가득 태운 배는 항로를 벗어나 버렸다. 앞이 보이지 않는 캄캄한 어둠 속에서 천둥 번개가 연신 요란하게 울어댔다. 다음 날 아침이 되자 바다는 다시 고요해지고 배는 이름 모를 섬에 닿아 있었다.

밤새 폭풍우에 시달려 기진맥진한 사람들을 위해 배는 그곳에 닻을 내리고 잠시 머물기로 했다.

섬에는 온갖 꽃들이 아름답게 만발해 있고 나무에는 맛있는 과일들이 주렁주렁 달려 있었으며 새들의 즐거운 지저귐이 섬을 가득 떠돌고 있었다.

첫째 그룹은, 섬에 올라가 있는 동안 배가 떠나 버릴까봐 배에서 내리지 않았다. 섬이 아무리 아름답다 해도 목적지에 도착하는 것보다 중요하지 않았던 것이다.

둘째 그룹은, 급히 섬으로 올라가서 향기로운 꽃 냄새를 맡고 나무 그늘 아래서 맛있는 과일을 따 먹고 원기가 회복되자 곧장 배로 돌아왔다.

셋째 그룹은, 섬의 아름다운 경치에 취해 이리저리 둘러보다가 시간이 너무 오래 지체된 것을 깨닫고 허둥지둥 뛰어오다가 소지품을 잃어버리고, 그들이 차지했던 배 안의 좋은 자리를 빼앗기고 말았다.

넷째 그룹은, 선장이 자기들을 남기고 떠날 리는 없다고 여유를 부리다가 배가 포구를 떠나는 것을 보고야 부랴부랴 달려갔기 때문에 바위나 가시덤불에 부딪치고 긁힌 상처가 항해가 끝날 때까지도 아물지 않았다.

다섯째 그룹은, 너무 많이 먹고, 섬 안으로 너무 깊이 들어가는 바람에 배 떠나는 기적소리조차 듣지 못했다. 그래서 그들은 숲 속에 있던 맹수에게 잡아먹히거나 독이 든 과일 따위를 먹고 병이 들어 모두 죽고 말았다.

당신은 어느 그룹에 속하는가?

배는 선행을, 섬은 쾌락을 상징한다. 첫째 그룹은 인생에서 쾌락을 조금도 맛보려고 하지 않았다. 둘째 그룹은 조금은 쾌락에 젖었지만 배를 타고 목적지에 도착하지 않으면 안 된다는 것을 잊지 않았다. 이들은 가장 현명한 그룹이다. 셋째 그룹은 쾌락에 지나치게 젖지 않고 돌아왔지만 역시 고생을 좀 했고, 넷째 그룹은 배로 돌아오기는 했어도 늦었기 때문에 목적지에 도착한 후에도 상처가 아물지 않았다. 그러나 인간이 빠지기 쉬운 것은 다섯 번째 그룹이다. 일생을 허영 속에 살거나 장래의 일도 잊어버린 채 달콤한 과일 속에 독이 들어 있는 것도 모르고 먹는다.

인간의 4가지 타입

1. 가장 일반적인 인간 타입

내 것은 내 것이고, 네 것은 네 것이라는 인간.

2. 별난 인간 타입

내 것은 네 것이고, 네 것은 내 것이라는 인간.

3. 정의감이 강한 인간 타입

내 것은 네 것이고, 네 것도 네 것이라는 인간.

4. 나쁜 인간 타입

내 것은 내 것이고, 네 것도 내 것이라는 인간.

성격의 4가지 타입

1. 화를 잘 내고 잘 풀리는 사람

이들이 얻는 것은 잃는 것과 비슷하다.

2. 화를 잘 내지 않지만 잘 풀리지도 않는 사람

이들이 잃는 것은 얻는 것과 비슷하다.

3. 화를 잘 내지 않고 잘 풀리는 사람

바로 성인을 말한다.

4. 화를 잘 내면서 잘 풀리지 않는 사람

바로 악인을 말한다.

성격을 알아보기 위해서 살펴야 할 3가지는 술 마시는 태도, 돈 쓰는 방식, 화내는 모습이다.

현자의 말을 듣는 3가지 타입

1. 스펀지 형

무엇이든 다 무조건 흡수한다.

2. 터널 형

오른쪽 귀에서 왼쪽 귀로 지나간다.

3. 체 형

중요한 것과 그렇지 않은 것을 체로 거른다.

학생의 4가지 타입

1. 빨리 배우고 빨리 잊어버리는 학생

얻는 것과 잃는 것이 비슷하다.

2. 느리게 배우고 느리게 잊어버리는 학생

잃는 것과 얻는 것이 비슷하다.

3. 빨리 배우고 느리게 잊어버리는 학생

똑똑한 학생이다.

4. 느리게 배우고 빨리 잊어버리는 학생

가장 불행한 학생이다.

현인이 되는 7가지 조건

1. 자기보다 현명한 사람이 있을 때에는 침묵한다.
2. 남의 이야기를 중단시키지 않는다.
3. 대답할 때에는 당황하지 않는다.
4. 항상 적절한 질문을 하고 조리 있는 대답을 한다.
5. 먼저 하지 않으면 안 되는 것부터 손을 대고
   뒤로 돌릴 수 있는 것은 마지막에 한다.
6. 자기가 알지 못할 때에는 그것을 인정한다.
7. 진실을 인정한다.

최대한 피해야 할 4가지 타입

1. 오만한 가난뱅이
2. 아첨을 좋아하는 부자
3. 호색한 노인
4. 제멋대로 권력을 휘두르는 지도자

화를 잘 내는 사람, 화려하게 꾸미고 다니는 사람, 교만한 사람, 칭찬 받고 싶어 하는 사람, 질투가 심한 사람도 멀리하는 것이 좋다. 그런 사람들은 성실한 사람이 아니며 겉으로 보이는 그의 겸손이나 인품도 모두 거짓이다.

여우와 포도

여우 한 마리가 포도밭 옆을 서성거리며 울타리 속으로 들어갈 길을 찾고 있었다. 울타리 안에는 탐스럽게 익은 포도가 주렁주렁 매달려 있었고 바람은 달콤한 향기를 품고 살랑거렸다. 사흘을 꼬박 굶어 홀쭉해진 여우는 겨우 울타리 틈을 비집고 안으로 들어갔다.

여우는 그동안 그렇게 먹고 싶었던 포도를 먹고 먹고 또 먹고, 한참을 마음껏 먹었다. 마침내 만족스럽게 배를 두드리며 집으로 돌아가려던 여우는 아차했다. 배가 불러 도저히 빠져나갈 수가 없었던 것이다.

다시 사흘을 굶어 살을 뺀 후, 가까스로 울타리를 빠져 나오며 여우는 기운 없는 목소리로 중얼거렸다.

"이래서야 포도를 먹은 의미가 뭐람. 결국 배 고프기는 들어올 때나 나갈 때나 마찬가지잖아!"

세상 또한 그렇다. 인간은 누구나 세상을 다 가질 것처럼 두 주먹을 꽉 쥐고 태어나지만 막상 세상을 떠날 때는 손을 활짝 펼친 채 죽는다. 인간이 세상을 떠날 때 가져갈 수 있는 것은 돈이나 권력이 아니라 선행이다.

선과 악

대홍수가 지구를 휩쓸고 있었다. 억수같이 퍼붓는 빗속을 뚫고 온갖 동물들이 짝을 지어 노아의 방주로 몰려들었다. 허겁지겁 선이 달려왔다.

"나는 짝이 있는 것만 태웁니다." 노아가 말했다.

선은 할 수 없이 아직 물에 잠기지 않은 숲 속으로 돌아가 자기의 짝을 찾아 헤매기 시작했다. 마침내 선은 혼자 배회하고 있는 악을 찾아 데리고 배로 돌아왔다.

그 이후부터 선이 있는 곳에는 반드시 악이 있게 되었다고 한다.

사탄의 선물

노아가 포도나무를 심고 있는데 사탄이 나타났다.

"무엇을 심고 있니?" 사탄이 물었다.

"이건 포도나무야. 열매는 아주 달콤하고 향기롭지. 게다가 그 열매의 즙으로 술을 담가 마시면 얼마나 행복해지는지 몰라." 노아가 자랑스럽게 대답했다.

"그래? 그럼 나도 같이 하자."

"좋아!"

노아가 허락하자 사탄은 양과 사자와 돼지와 원숭이를 이끌고 와서 이들을 차례로 죽여 그 피를 포도밭에 뿌렸다. 땅이 그들의 피로 흠뻑 젖었다.

술이란 처음 마시기 시작할 때에는 양처럼 순하지만 조금 더 마시면 사자처럼 사납게 되고, 그보다 더 마시면 돼지처럼 뒹굴어 더러워진다. 그러다가 지나치게 마시면 원숭이처럼 춤을 추거나 추악한 말을 뱉어낸다. 이것이 악마가 인간에게 준 선물이다.

하나님이 맡긴 보석

랍비 메이어가 안식일에 예배당에서 설교하고 있는 동안, 집에 있던 그의 두 아이가 갑자기 죽었다. 아내는 두 아이의 시체를 이층으로 옮긴 후 애달피 울며 새하얀 천을 꺼내 덮었다. 랍비가 돌아오자 아내가 물었다.

"당신에게 물어보고 싶은 것이 있어요. 어떤 사람이 내게 잘 보관해 달라면서 아주 값진 보석을 맡기고 갔는데 어느 날 느닷없이 나타나서 맡긴 보석을 돌려 달라는 거예요. 어떻게 하죠?"

랍비가 즉시 단호하게 대답했다.

"즉시 주인에게 돌려주세요."

그제야 아내는 남편에게 말했다.

"실은 지금 막 하나님이 맡겨 두었던 두 개의 귀중한 보석을 찾아 가셨어요."

랍비는 그 뜻을 알아듣고 아무 말도 하지 않았다.

훌륭한 랍비가 우는 이유

고결하고 친절하며 자애롭기 그지없는 위대한 랍비가 있었다. 그는 모든 이에게 존경받는 훌륭한 랍비였다.

80세가 지난 어느 날 그는 자신의 육체가 쇠약해진 것을 깨닫고 죽을 때가 다가오고 있다는 것을 알게 되었다. 제자들이 머리맡에 모여들자 그는 울기 시작했다. 제자들이 위로했다.

"선생님 왜 우세요? 선생님은 이 나라에서 가장 존경받는 분입니다. 더구나 선생님은 이제껏 정치와 같은 더러운 세계에는 한 번도 발을 들여놓지 않으셨습니다. 그러니 선생님이 우실만한 일은 이 세상에 아무 것도 없을 것입니다."

그러자 랍비가 탄식하며 말했다.

"그렇기 때문에 울고 있는 것이다. 죽는 순간에 나 자신에게 '너는 공부했는가? 하나님께 기도했는가? 자선을 베풀었는가? 올바른 행동을 해왔는가?' 라고 물으면 모두 '네!' 하고 대답할 수 있다. 그러나 '너는 보통 사람들처럼 살아 본 적이 있는가?'라고 물으면 '아니요.'라고 밖에는 대답하지 못한다. 그래서 나는 울고 있는 것이다."

그래서 희망이다

랍비 아키바가 당나귀와 개 한 마리를 데리고 여행하고 있었다. 가진 것이라고는 작은 가방에 꾸린 소지품 몇 가지와 작은 램프 하나뿐이었다.

날이 저물 때쯤 아키바는 빈 헛간을 발견했다. 아직 이른 시간이었으므로 그는 램프에 불을 밝히고 책을 읽기 시작했다. 그러나 바람이 램프의 불을 자꾸 꺼버리는 바람에 그는 그냥 자기로 했다. 그가 잠든 사이에 여우가 와서 개를 죽였고, 또 사자가 와서 당나귀마저 죽였다.

아침이 되어 그는 램프 하나만 들고 혼자 쓸쓸히 길을 나섰다. 마을이 가까워오는데도 사람이라고는 그림자도 보이지 않았다. 간밤에 도둑 무리가 마을에 들이닥쳐 사람들을 모두 죽였던 것이다.

만약 램프 불이 바람에 꺼지지 않았다면, 개와 당나귀가 살아 있었더라면 그도 도둑들에게 발견되었을 것이다. 결국 그는 모든 것을 잃어버린 덕택에 도둑들에게 발견되지 않고 살 수 있었던 것이다.

최악의 상황에서도 희망을 잃지 마라. 나쁜 일이 좋은 일로 연결되는 일은 얼마든지 있다.

가장 중요한 자

페르시아의 임금님이 병들어 자리에 누웠다. 의사는 오직 암사자의 젖을 먹어야만 병이 낫는다고 진단했다. 그러나 암사자의 젖을 어떻게 구한단 말인가! 모두 머리를 흔들고 있을 때 한 남자가 왕 앞으로 나섰다.

"제게 양 열 마리를 주시면 반드시 암사자의 젖을 구해오겠습니다."

그는 양을 몰고 사자 굴로 향했다. 마침 암사자가 새끼들에게 젖을 물리고 있었다. 그는 사자에게 양 한 마리를 던져주고 멀리서 지켜보았다. 암사자가 단숨에 양을 죽여서 먹어버렸다. 그는 매일 조금씩 더 가까이 가서 양 한 마리를 던져주었다. 열흘이 지나자 그는 암사자의 털을 쓰다듬고 새끼 사자들과 장난을 칠 정도로 가까운 친구가 되어 암사자의 젖을 얻는 데 성공했다.

성으로 돌아오던 길에 그는 깜빡 잠이 들었다. 꿈속에서 자기 몸의 각 부분이 서로 공을 다투고 있었다.

"내가 아니었으면 어떻게 사자가 있는 곳까지 갈 수 있었겠니?" 다리가 말했다.

"내가 길을 알려주지 않으면 너는 혼자서 아무 데도 못 가." 눈이 말했다.

"무슨 소리! 내가 없었다면 어떻게 이런 계획을 실행에 옮겼겠어? 다 내 덕인 줄이나 알아!" 심장이 말했다.

"그래봤자 내가 없었다면 너희들은 시작도 못했을거야." 혀가 말했다.

"뼈도 없고 항상 어두운 입 속에 숨어 있는 조그만 것이 무슨 건방진 소리야!"

몸의 각 부분이 한꺼번에 떠들어대며 비웃었다.

"너희들은 오늘 내가 얼마나 중요한 존재인지 알게 될 거야." 혀가 작심한 듯 말했다.

잠에서 깬 남자는 급히 성으로 달려가 임금님 앞에 암사자의 젖을 바쳤다. 임금님이 물었다.

"무엇인가?"

사나이는 저도 모르게 큰소리로 외쳤다.

"개의 젖입니다."

조금 전까지만 해도 일제히 혀를 꾸짖던 몸의 각 부분들이 질겁해서 부랴부랴 혀에게 사과했다.

"너의 위력이 얼마나 대단한지 알겠어. 미안해."

그러자 혀는 화를 누그러뜨리고 이렇게 말했다.

"앗, 말이 그만 헛나갔습니다. 이것은 천신만고 끝에 구해온 암사자의 젖입니다."

중요한 것일수록 자제력을 잃으면 어처구니없는 일이 벌어진다.

입

세상의 온갖 동물들이 한자리에 모이는 날이었다. 뱀이 나타나자 어떤 동물이 물었다.

"사자는 먹이를 쓰러뜨려 죽인 뒤에 먹고, 늑대는 먹이를 찢어 먹는다. 그런데 뱀아, 너는 무시무시하게도 먹이를 통째로 삼켜버리지. 왜 그러는 거니?"

그러자 뱀이 대답했다.

"나는 그렇게 하는 것이 뜯어먹는 것보다 낫다고 생각해. 입으로 상대방을 상처 입히지는 않으니까."

참되게 사는 비결

어떤 장사꾼이 거리를 돌아다니며 아주 큰 소리로 외치고 있었다.

"참된 인생의 비결을 살 사람 없습니까?"

온 동네 사람들이 참된 인생의 비결을 사기 위하여 모여들었다. 그들 가운데에는 랍비도 몇 사람 섞여 있었다. 그게 무엇인지 어서 내놓으라고 모두들 재촉하자 장사꾼이 말했다.

"인생을 참되게 사는 비결은 자기 혀를 주의해서 쓰는 겁니다."

못생긴 그릇

당대 최고의 현자로 일컬어지는 못생긴 랍비가 로마의 황제를 만나러 가던 길에 공주와 마주쳤다. 공주는 대뜸 비아냥거렸다.

"아이쿠, 그렇게 뛰어난 지혜가 이렇게 못생긴 그릇에 들어 있네요."

랍비는 공주의 말에는 아랑곳하지 않고 뜬금없이 궁전 안에 술이 있는지 물었다. 공주가 당연하지 하는 표정으로 고개를 끄덕이자 빙그레 웃으며 다시 물었다.

"그 술은 어떤 그릇에 담겨 있습니까?"

"보통 항아리나 술병 같은 그릇에 담겨 있죠."

공주가 시큰둥하게 대답하자 랍비는 정말 뜻밖이라는 듯 깜짝 놀란 표정을 지으며 다시 물었다.

"공주님처럼 훌륭하신 분은 금그릇이나 은그릇도 많이 있을 텐데, 항아리나 술병 같은 보잘 것 없는 그릇을 쓰신단 말입니까?"

뭔가 창피를 당했다고 느낀 공주는 당장 달려가서 항아리에 담겨 있던 술을 모두 금그릇, 은그릇에 옮겨 담도록 지시했다. 그러자 술은 금세 맛이 변해버리고 말았다. 진노한 황제가 소리쳤다.

"대체 어떤 놈이 술을 옮겼단 말이냐?"

"제가… 그랬습니다……."

공주는 기어들어가는 목소리로 대답했다.

황제에게 꾸중을 들은 공주는 랍비가 거처하고 있는 곳으로 달려가서 씩씩거리며 소리쳤다.

"랍비님! 왜 그랬어요? 나를 골탕 먹이려고 일부러 그런 거죠?"

"단지 나는 공주님께 아주 귀한 것이라도 항아리 같은 싸구려 그릇에 넣어 두는 편이 좋을 때가 있다는 것을 가르쳐 드리고 싶었을 뿐입니다."

달콤하지만 쓰디 쓴 것

랍비 가말리엘이 하인을 불러 시장에 가서 가장 맛있는 것을 사오라고 시켰다. 잠시 후 하인은 혀를 들고 돌아왔다. 랍비 가말리엘은 하인에게 이번에는 시장에서 가장 맛없는 것을 사오라고 시켰다. 잠시 후 하인은 혀를 들고 돌아왔다. 랍비가 물었다.

"가장 맛있는 것을 사오라고 할 때도 혀를 가져오더니 가장 맛없는 것을 사오라고 할 때도 혀를 가져온 까닭이 무엇이냐?"

그러자 하인이 대답했다.

"혀는 세상 그 어떤 것보다도 달콤하고, 세상 그 어떤 것보다 쓰디 쓴 것이기 때문입니다."

4
합리적 정신을 추구하는 사람들

사람은 실패 없이 성장할 수 없다. 실패에는 성공의 씨앗이 들어 있다. 그러므로 실패를 두려워할 필요는 없다. 그러나 실패를 반복하는 것은 두려워해야 한다.

진리는 한정된 장소나 시간 속에 있는 것이 아니라 변함없이 영원한 것이며 국가와 인종과 언어를 초월하는 것이다.

만찬회

어느 날 임금님이 하인들을 만찬에 초대했다. 그러나 언제 어디서 열릴지는 말해주지 않았다.

현명한 하인은 생각했다.

'임금님의 일이니까 만찬회는 당장이라도 열릴 수 있어. 전갈을 받는 즉시 만찬에 참석할 수 있도록 모든 준비를 해 두어야겠다.'

어리석은 하인은 생각했다.

'만찬회는 아직 멀었어. 준비할 것이 한두 가지야? 전갈을 받고 준비해도 시간이 넉넉할 거야.'

막상 만찬회가 열리자 현명한 하인은 곧바로 참석하여 임금님이 베푸신 맛있고 귀한 음식들을 마음껏 즐겼다. 그러나 어리석은 하인이 만찬회장에 도착했을 때는 이미 문이 굳게 닫힌 후였다.

하나님으로부터 만찬회에 초대받았을 때 당황하거나 두려워하지 않도록 항상 준비가 되어 있어야 한다.

육체와 정신

왕에게는 아주 맛있는 무화과가 열리는 특별한 나무가 있었다. 나무에 무화과가 많이 달리자 왕은 절름발이와 맹인을 보내 나무를 지키게 했다.

"열매가 정말 많이 달렸어. 한 개만 따 먹자. 티도 안 날 거야." 절름발이가 맹인에게 말했다.

절름발이는 맹인의 어깨를 밟고 올라가 무화과를 따서 둘이 나눠 먹었다. 하지만 무화과는 너무 맛있었다. 순식간에 두 사람은 무화과를 엄청나게 먹어 치웠다.

왕이 대단히 노하여 두 사람을 불러 추궁했다.

"절름발이가 어떻게 나무를 오를 수 있단 말입니까? 저는 범인이 아닙니다." 절름발이가 말했다.

"맹인이 어떻게 나무에 올라간단 말입니까? 저도 범인이 아닙니다." 맹인이 말했다.

그러자 왕은 옳은 말이라고 하면서 절름발이를 맹인의 어깨에 올라서게 한 다음 함께 심판을 내렸다.

인간은 육체만으로 아무 것도 할 수 없으며 정신만으로도 아무 것도 할 수 없다. 둘을 합치면 나쁜 일이든 좋은 일이든 무엇이든 할 수 있다.

진짜 어머니

솔로몬 왕은 매우 현명한 사람으로 알려져 있었다. 어느 날 두 여자가 아기 하나를 데리고 와서 서로 자기 아이라고 다투며 재판을 부탁했다.

솔로몬 왕은 여러 가지로 사실 여부를 조사해 보았지만 누가 아이의 진짜 엄마인지 알 수 없었다. 유대인의 경우 소유물이 어느 쪽에 속하는지 알 수 없을 때에는 공평하게 둘로 나누는 것이 통상의 관례였다. 마침내 솔로몬 왕은 아기를 칼로 잘라 두 여자에게 한 토막씩 나눠주라고 명령했다.

그러자 한 여자가 미친 듯이 울부짖으며 외쳤다.

"안 됩니다. 그렇게 하려거든 차라리 그 아이를 저 여자에게 주세요. 제가 잘못했습니다."

솔로몬 왕이 그 여자에게 말했다.

"그대가 이 아이의 진짜 어머니다!"

돈을 훔친 사람

세 사람의 유대인이 안식일에 예루살렘으로 가게 되었다. 당시에는 은행이 없었기 때문에 세 사람은 가지고 있던 돈을 모두 함께 묻었다. 그런데 예루살렘에서 돌아와 보니 돈이 모두 사라지고 없었다. 다음날 세 사람은 솔로몬 왕을 찾아가서 세 사람 중 누가 그 돈을 훔쳤는지 판결해 달라고 요청했다.

"당신들 세 사람은 대단히 현명한 사람들입니다. 지금 판단하기 어려운 문제가 하나 있는데 우선 그 문제를 당신들이 거들어 주시오. 그러면 당신들 세 사람의 문제는 내가 재판해 주리다." 솔로몬 왕이 말했다.

약혼자가 있는 아가씨가 다른 남자와 사랑에 빠졌다. 그녀는 약혼자를 찾아가서 위자료를 줄 테니 파혼하자고 요구했다. 그러나 약혼자는 위자료 같은 것은 필요 없다고 말하면서 그녀와의 약혼을 취소해 주었다.

며칠 후, 어떤 노인이 돈을 노리고 그녀를 납치했다.

'약혼자에게 파혼을 요구했는데 그는 위자료도 받지 않고 나를 해방시켜 주었습니다. 당신도 똑같이 나를 해방시켜 주어야 합니다.' 그녀가 노인에게 요구했다.

노인은 그 말을 듣자 몸값도 받지 않고 그녀를 자유롭게 풀어주었다.

"이 가운데 가장 칭찬 받을 사람은 누구겠소?"

솔로몬 왕이 물었다.

"위자료도 받지 않고 약혼을 취소해 준 남자입니다."

첫 번째 사나이가 말했다.

"아닙니다. 그 아가씨야말로 칭찬 받아야 합니다. 그녀는 용감하게 약혼자에게 약혼을 취소해 달라고 요청하고 진정으로 사랑하는 남자와 결혼하려고 했습니다."

두 번째 사나이가 말했다.

"이 이야기는 뒤죽박죽입니다. 약혼자가 위자료도 받지 않고 파혼해 주었다는 것도 그렇고, 노인도 돈 때문에 아가씨를 납치했으면서 몸값을 받지 않고 풀어주었다는 것도 그래요. 도무지 앞뒤가 맞지 않습니다."

세 번째 사나이가 말했다.

그러자 솔로몬 왕이 큰소리로 꾸짖으며 말했다.

"당신이 돈을 훔친 범인이군. 다른 두 사람은 사랑, 아가씨와 약혼자 사이에 존재하고 있던 인간관계, 그 사이에 있던 긴장된 분위기 같은 것을 금방 알아차렸는데 당신은 돈만 생각하느라 다른 것은 보이지 않았던 거요."

두 시간의 길이

임금님의 포도밭에서 많은 일꾼들이 일하고 있었다. 그 가운데 특별히 일을 잘하는 사람이 있었다. 어느 날 포도밭을 찾은 임금님은 능력이 뛰어난 그와 둘이서 포도밭 안을 이리저리 돌아보며 포도 농사에 대해 이야기를 나누었다.

유대의 전통에 따르면 품삯은 매일 동전으로 지급된다. 그날도 하루의 일이 끝나자 일꾼들은 품삯을 받기 위해 줄을 섰다. 일꾼들은 모두 똑같은 품삯을 받았다. 그런데 능력이 뛰어난 일꾼도 똑같은 품삯을 받게 되자 다른 일꾼들이 화를 내며 임금님에게 항의를 했다.

"두 시간밖에 일하지 않은 사람이 우리와 똑같은 품삯을 받는다는 것은 말도 안 됩니다."

그러자 임금님은 이렇게 대답했다.

"너희들이 하루 종일 걸려서 한 것보다 더 많은 일을 이 사람은 두 시간 동안에 해냈다."

오늘 28세로 죽은 랍비도 다른 사람이 백 년 산 것보다 더 많은 일을 성취했다. 중요한 것은 몇 년을 살았느냐가 아니라 무엇을 얼마큼 이루었느냐이다.

참 이득

랍비 몇 사람이 길을 가다가 악인의 무리와 마주쳤다. 사람을 뼛속까지 갉아먹을 인간들이라고 사람들이 수군대는 악명 자자한 인간들이었다. 이 세상에 그들만큼 교활하고 잔인한 인간들은 또 없을 것이었다.

"저런 인간들은 모두 물에 빠져서 죽어버리기나 하면 좋으련만."

랍비 한 사람이 조그맣게 말했다.

"그런 생각을 가져서는 안 돼요. 악인들이 죽는 것을 바라기보다는 죄를 회개하는 것을 바라야 합니다."

그들 가운데 가장 위대한 랍비가 말했다.

악인을 벌하는 것에는 아무런 이득도 없다. 그들이 잘못을 뉘우치고 자기편 사람이 되게 만드는 것이 참으로 이득이 되는 일이다.

촛대를 훔친 사람

어떤 집에서 손님을 세 사람 초대해서 저녁 식사를 대접했다. 그런데 집주인은 손님들이 돌아간 뒤에 곧바로 값비싼 촛대가 없어진 것을 알게 되었다. 아주 귀한 촛대였기 때문에 이튿날 집주인은 전날 저녁의 손님 세 사람을 다시 불러 모아 함께 랍비를 찾아갔다.

랍비는 집주인의 말을 듣고 나서 조금 생각하더니 이렇게 말했다.

"나에게는 비법이 하나 있는데 아무래도 지금 그 방법을 써야겠소. 자, 여러분, 이제부터 옆방을 캄캄하게 해두고, 방 가운데에 있는 테이블 위에 촛대를 올려놓겠습니다. 한 사람씩 차례로 방에 들어가 촛대를 손으로 만지세요."

네 사람은 의아한 얼굴로 서로 얼굴을 쳐다보다가 다시 랍비를 쳐다보았다. 랍비는 미소를 지으며 나직한 목소리로 이렇게 덧붙였다.

"믿기 어렵겠지만 그 촛대에는 아주 특별한 힘이 있어요. 거짓말을 밝혀 내는 힘이죠. 만일 어젯밤에 촛대를 훔친 사람이 그걸 만지면 번개를 맞은 것처럼 온몸이 찌릿찌릿해져서 비명을 지르게 될 겁니다."

랍비는 준비를 하기 위해 옆방으로 갔다. 조금 뒤에 준비가 되었다는 랍비의 목소리가 들렸다.

맨 먼저 집주인이 옆방으로 들어갔다. 집주인이 거짓말을 한 것일 수도 있기 때문이었다. 아무 소리도 들리지 않았다. 첫 번째 손님이 옆방으로 들어갔다. 역시 아무 소리도 들리지 않았다. 두 번째 손님도, 세 번째 손님도 차례차례 옆방으로 들어갔지만 역시 아무 소리도 들리지 않았다.

랍비가 불을 켜고 말했다.

"모두 두 손을 앞으로 내미세요."

사람들의 손에는 모두 시커멓게 검댕이 묻어 있었다. 오직 한 사람의 손만 빼고!

랍비는 범인이 무서워서 촛대를 만지지 않을 것을 짐작하고 촛대에 검댕을 칠해 두었던 것이다.

하나님은 올바른 사람을 시험하신다

랍비 요나단은 이렇게 말했다.

"도자기를 만드는 사람은 망가진 도자기를 손가락으로 두드려서 시험하지 않는다. 그러나 좋은 도자기를 만들었을 때는 손가락으로 두드려 시험해 본다. 하나님도 올바른 사람만을 시험하신다."

랍비 벤 하니나는 이렇게 말했다.

"모시를 파는 장사꾼은 좋은 모시를 팔 때는 계속 그 모시를 두드린다. 모시는 두드릴수록 좋아지고 더욱 빛나기 때문이다. 그러나 만일 모시가 나쁜 경우에는 두드리지 않는다. 잘못 두드리면 부서지기 때문이다. 하나님도 합당한 사람만을 시험하신다."

랍비 엘레아자르는 이렇게 말했다.

"소 두 마리가 있는데, 한 마리는 힘이 세고 한 마리는 약하다면 주인은 어느 쪽에 쟁기를 매울까? 물론 힘센 쪽이다. 하나님도 올바른 사람에게 무거운 짐을 지우신다."

중용

어떤 길을 군대가 행진하고 있었다.

길 오른쪽에는 눈이 내리고 얼음이 얼어 있었다.

왼쪽은 불바다였다.

이 군대가 만약 길 오른쪽으로 가면 얼어 죽고 왼쪽으로 가면 불에 타 버린다. 그 가운데 길, 즉 중간은 따뜻함과 시원함이 적당히 어우러지는 길이다.

잃어버린 보물

어떤 랍비가 로마에 도착했을 때 거리 곳곳에는 포고문이 붙어 있었다.

왕비님이 아주 귀한 보물을 잃어버렸다.

30일 이내에 그것을 찾아오는 자에게는 큰상을 내릴 것이다. 만약 30일 이후에 그것을 갖고 있는 자가 발견되면 사형에 처한다.

우연히 랍비는 그 보물을 손에 넣게 되었다. 그는 보물을 그대로 간직하고 있다가 31일째 되는 날에야 왕궁에 가서 왕비 앞에 보물을 내놓았다.

"30일 전에 포고가 내렸을 때 당신은 여기에 있었습니까?" 왕비가 물었다.

"네! 그렇습니다." 랍비가 대답했다.

"이건 언제부터 갖고 있었습니까?"

"좀 한참 됐습니다."

"그렇다면 당신은 30일이 지나서 이것을 가지고 오면 어떤 벌을 받게 되는지 알고 있습니까?"

"네! 알고 있습니다."

"그럼 어째서 오늘까지 이것을 가지고 있었습니까? 만약 어제 돌려주었다면, 큰상을 받았을 텐데요. 목숨이 아깝지 않습니까?"

그러자 랍비가 담담하게 말했다.

"30일 이내에 이것을 돌려드렸다면, 사람들은 왕비님을 두려워하든가, 경의를 표하여 돌려드렸다고 생각할 것입니다. 내가 오늘까지 기다려서 돌려드리는 것은, 나는 결코 왕비님을 두려워하고 있지 않으며 내가 두려워하고 있는 것은 오직 하나님이라는 것을 사람들에게 알려주고 싶었기 때문입니다."

그의 말을 들은 왕비는 새삼스럽게 자세를 가다듬으며 그에게 고개를 숙였다.

"그렇게 훌륭한 하나님을 가진 당신에게 깊은 경의를 표합니다."

세 가지 충고

"저를 풀어주세요. 대신 제가 세 가지 충고를 해 드릴게요." 사냥꾼에게 붙잡힌 말하는 새가 애원했다.

"세 가지 충고? 그게 뭐지? 그걸 먼저 말해. 그러면 너를 풀어줄게. 맹세해."

"첫째, 자신이 한 일을 후회하지 마라. 둘째, 누가 뭐라고 하든 불가능한 일이라면 믿지 마라. 셋째, 오르지 못할 나무는 오르지 마라."

사냥꾼이 약속대로 새를 풀어주자 새는 높은 나무 위로 날아올라가 사냥꾼에게 말했다.

"바~보! 내 입 속에 있는 귀한 진주를 못 봤군요."

사냥꾼은 화가 나서 다시 새를 잡으려고 나무를 오르다가 그만 나무에서 떨어져 다리를 다치고 말았다.

"바~보, 내가 해 준 충고를 벌써 잊었군요. 자신이 한 일을 후회하지 말라고 했는데 나를 풀어주고 나서 바로 후회하기 시작했어요. 불가능한 일은 믿지 말라고 했는데 당신은 너무 쉽게 믿었어요. 입 속에 어떻게 진주가 들어 있겠어요? 오르지 못할 나무는 오르지 말라고 했는데 나무를 오르다가 떨어져 다리를 다쳤잖아요?"

말을 마치자 새는 홀연히 날아가 버렸다.

믿음

랍비 바알 쉠 토브와 그의 제자가 여행을 하던 중 매우 척박한 지역을 지나게 되었는데 마침 물이 바닥나고 말았다. 제자는 목이 말라 참을 수 없는 지경에 이르자 생명의 위협을 느끼고 두려운 나머지 랍비에게 물었다.

"선생님, 목이 너무 탑니다. 이렇게 죽는 겁니까?"

"너에게 믿음이 있느냐? 하나님이 세상을 창조하실 때 네가 오늘 닥칠 일까지 예상하셨고 미리 물을 준비해 두셨다." 랍비가 대답했다.

그들은 아무 말 없이 계속 길을 걸었다. 얼마나 지났을까, 그들은 멀리서 등에 물 항아리를 메고 걸어오는 남자를 발견했다. 스승과 제자는 그에게 돈을 주고 물을 얻었다. 랍비가 물을 진 남자에게 물었다.

"당신은 무슨 이유로 물 항아리를 등에 지고 이렇게 황량한 지역을 지나가고 있었소?"

"아, 글쎄, 제 주인이 미쳤는지, 이 황야 건너에 있는 시내까지 가서 물을 길어오라고 시키지 뭡니까. 얼마나 힘들었는지 모릅니다."

랍비는 몸을 돌려 제자에게 말했다.

"하나님의 마음이 이렇게 깊으시구나."

참회

랍비 이스마엘 벤 엘리자가 말했다.

"너희가 죽기 전 하루 동안 참회하라."

제자들이 물었다.

"언제 죽을지 어떻게 알 수 있습니까?"

그러자 랍비가 답했다.

"그렇기 때문에 사람은 매일 참회해야 하는 거란다. 내일 죽게 될지도 모르니까."

하나님은 어디에?

어떤 로마인이 랍비를 찾아와서 말했다.

"당신들은 하나님, 하나님 하는데 하나님이 어디에 있는지 말해 보시오."

그는 하나님이 어디에 있는지만 가르쳐주면 하나님을 믿겠다고 말하면서 비아냥거렸다. 랍비는 물론 이런 심술궂은 질문을 좋아하지 않았다. 랍비는 그를 밖으로 데리고 나가 태양을 가리키면서 말했다.

"저 태양을 똑바로 쳐다보시오."

로마인은 태양을 힐끗 보고 소리쳤다.

"태양을 어떻게 똑바로 쳐다볼 수 있소?"

그러자 랍비가 말했다.

"하나님이 창조하신 많은 것 중의 하나인 태양조차 똑바로 쳐다 볼 수 없다면서 어떻게 위대한 하나님을 볼 수 있단 말이오."

쓸모없는 우산

현자 두 사람이 거리를 산책하고 있었다. 그 중 한 사람은 우산을 가지고 있었다. 갑자기 비가 내리기 시작했다.

우산이 없는 현자가 우산을 가진 현자에게 말했다.

"우산을 펴게."

다른 현자가 대답했다.

"소용없을 걸세."

"소용이 없다니, 무슨 말인가? 비가 오면 우산을 써야지."

"이 우산은 여기저기 구멍이 많이 나 있네."

"그럼 애초에 우산은 뭐 하러 들고 나왔나?"

"비가 올 줄 몰랐지."

5
사회는 끊임없이 진화한다고 믿는 사람들

인간 사회의 모순, 매우 부유한 사람들과 매우 가난한 사람들, 개인이나 단체의 서로 다른 이익 등 사회 제도의 개선을 방해하는 여러 가지 요인들, 모든 필요와 노력 그리고 수많은 시행착오에도 불구하고 인간은 함께 어우러져 살아간다.

인간 사회에서 리더는 다른 사람들을 이끄는 사람이다. 리더는 집단의 통일을 유지하고 방향을 제시하는 역할을 하는 인물로 인기인, 대표자, 권위자 등과는 구별되어야 한다.

붕대

어떤 나라의 임금님이 놀다가 팔에 상처를 입은 왕자에게 손수 붕대를 감아 주면서 말했다.

"아들아, 이 붕대를 감고 있는 동안에는 달리거나 물에 들어간다 해도 아픔이 더하지는 않을 거야. 그러나 이 붕대를 풀어 버리면 상처는 쉬 낫지 않고 더 악화된단다."

법률은 붕대와 같다. 인간의 마음속에는 나쁜 것을 바라는 본능이 있다. 그러나 인간의 도리와 법률을 지키려는 마음을 버리지만 않는다면 절대로 인간의 성질은 나빠지지 않는다.

법관의 도리

랍비가 다리를 건너는데 한 사람이 손을 내밀어 그를 부축하였다. 랍비가 물었다.

"나를 도와주는 이유가 무엇인가?"

"제가 요즘 송사를 치르는데 결과가 아직 나오지 않았습니다."

"그렇다면 나는 자네의 송사를 재판할 자격이 없네. 법관은 돈은 물론이고 다른 비물질적인 뇌물도 받아서는 안 되는 거라네."

법관은 언제나 예리한 칼날이 명치를 겨누고, 발아래에는 지옥이 있다고 생각해야 한다.

장미 한 송이

과수원을 가진 왕이 있었다. 왕은 과수원을 다른 용도로 바꿀 생각이었다. 그래서 마지막으로 과수원을 둘러보았다. 문득 과수원 한 구석, 가시나무가 우거진 곳에서 아름다운 자태를 뽐내며 홀로 피어 있는 장미가 눈에 띄었다. 왕은 그곳으로 걸음을 옮겼다. 장미 가까이 다가가자 향기가 사방으로 흩뿌려지고 있었다. 왕은 황홀한 기분에 휩싸였다.

"이 장미 한 송이가 과수원을 살렸구나. 이곳을 그대로 두어라." 왕이 말했다.

한 사람의 선행이 온 세상을 훈훈하게 만들기도 한다. 모든 사람이 각각, 그 한 사람이 자신이기를 바라고 실천한다면 세상은 얼마나 따스할까!

단 한 개의 구멍

많은 사람들이 배를 타고 항해하고 있었다. 어떤 사나이가 자기가 앉아 있는 배 바닥에 끌로 구멍을 뚫고 있었다. 사람들이 놀라서 아우성을 치자 그는 아주 태연하게 이렇게 말했다.

"여기는 내 자리요. 내가 무엇을 하든 당신들이 상관할게 뭐요."

얼마 지나지 않아 승객들은 배와 함께 모두 가라앉아 버리고 말았다.

강자와 약자

이 세상에는, 가장 강한 자를 두려움에 떨게 하는 가장 약한 것이 네 가지 있다.

사자는 모기를 두려워하고, 코끼리는 거머리를 두려워하며, 전갈은 파리를 두려워하고, 매는 거미를 두려워한다.

아무리 크고 힘센 자라도 반드시 절대적인 강자라고는 할 수 없다. 아무리 약한 것이라도 어떤 조건이 맞으면 강한 자를 이길 수 있다.

정의에 대한 견해 차이

알렉산더 대왕이 이스라엘을 방문했다. 한 유대인이 앞으로 나서며 물었다.

"우리들이 갖고 있는 금은보화를 원하십니까?"

"내가 원하는 것은 금은보화가 아니오. 그런 것은 나도 많이 갖고 있소. 나는 단지 당신들의 전통과 정의에 대해 알고 싶을 뿐이오." 대왕이 대답했다.

알렉산더 대왕이 아직 이스라엘에 머물고 있는 동안 두 남자가 현명한 판결을 바란다며 랍비를 찾아왔다. 그들의 사연은 다음과 같다.

한 남자가 다른 한 남자에게서 넝마 한 더미를 샀다. 남자는 넝마를 정리하다가 그 속에서 상당한 양의 금화를 발견하고 넝마를 판 남자에게 갔다.

"나는 넝마를 산 것이지 금화까지 산 것은 아니니 이 금화를 돌려주겠소." 넝마를 산 남자가 말했다.

"내가 당신에게 판 것은 넝마 더미 전부니까 그 속에 무엇이 들어 있든 모두 당신 것입니다."

넝마를 판 남자가 대답했다.

두 사람은 이렇게 계속 금화를 서로 미루며 옥신각신하다가 결국 랍비에게까지 오게 된 것이다.

랍비는 미소를 지으며 이렇게 물었다.

"두 분에게는 결혼하지 않은 딸이나 아들이 있소?"

한 남자는 딸이 있다고 대답했고 또 한 남자는 아들이 있다고 대답했다. 그러자 랍비는 이렇게 판결했다.

"마침 두 사람에게 각각 아들과 딸이 있으니 이들을 결혼시켜서 두 사람에게 그 금화를 주시오."

두 사람은 최고의 판결이라며 좋아했다.

그 뒤 랍비는 알렉산더 대왕을 만나 이 일에 대해 자세히 이야기하고 나서 물었다.

"대왕님은 이럴 때 어떻게 판결하십니까?"

대왕의 대답은 간단했다.

"두 남자를 모두 죽이고 금화는 내가 갖지요. 그것이 나의 정의요."

결점 있는 세 자매

옛날에 딸만 셋을 둔 남자가 있었다. 세 딸은 모두 근방에 소문이 자자할 정도로 뛰어나게 아름다웠지만 각각 남모르는 결점을 하나씩 갖고 있었다.

첫째는 게을러터졌고, 둘째는 훔치는 버릇이 있었으며, 막내는 입만 열면 남을 헐뜯었다.

어느 날, 세 아들을 둔 부유한 남자가 아름다운 세 자매의 소문을 듣고 찾아와서 세 자매를 자기 아들들의 신부로 맞아들이고 싶다고 청했다. 딸들의 결점이 늘 마음에 걸렸던 세 자매의 아버지는 선뜻 받아들이지 못하고 결정을 미뤘다.

세 아들을 둔 남자가 물었다.

"혹시 정해 놓은 혼처가 있습니까?"

"아닙니다."

"우리 아들들이 따님들에게 부족하다고 생각하십니까?"

"아니, 부족하다니요. 오히려 과분하지요."

세 자매의 아버지는 마침내 세 자매의 결점에 대해 솔직히 털어놓았다. 뜻밖에도 세 아들을 둔 남자는 대수롭지 않다는 듯 고개를 끄덕이면서 말했다.

"그런 문제라면 제가 책임지고 알아서 할 테니 걱정하지 마세요."

이렇게 한꺼번에 세 명의 며느리를 얻게 된 부자는 각각의 며느리에게 맞춤 처방을 했다.

우선 게으름뱅이 맏며느리에게는 시중을 들어줄 하인을 여러 명 배치해 주었다.

그리고 훔치는 버릇이 있는 둘째 며느리에게는 커다란 창고를 구경시켜 주었다. 둘째 며느리는 욕심나는 물건들에 눈도장을 찍느라 눈이 뒤집힐 지경이었다. 며느리와 함께 창고를 한 바퀴 돌고 나온 부자는 창고의 문을 단단히 잠갔다. 아쉬움에 침을 꿀꺽 삼키는 둘째 며느리의 손에 부자는 창고 열쇠를 쥐어주며 말했다.

"아가, 필요한 것이 있으면 여기서 꺼내 가거라. 갖고 싶은 건 뭐든 가져도 돼."

헐뜯기 좋아하는 셋째 며느리는 매일 아침 일찍 불러서, 오늘은 누구를 헐뜯을 계획이냐고 물었다.

어느 날 세 딸의 아버지가 딸들을 방문했다. 아버지는 딸들에게 어떻게 지내는지 물었다.

맏이가 나른한 표정으로 말했다.

"실컷 자고 실컷 놀고 실컷 먹어요. 일은 하인들이 다 해주니까 이렇게 편안할 수가 없어요."

둘째는 환한 얼굴로 신나게 말했다.

"시아버지가 저한테 창고를 통째로 맡기셨어요. 그래서 저는 시간만 나면 창고에 가서 물건들을 골라요. 갖고 싶은 건 뭐든지 다 가질 수 있으니 더 바랄 게 없어요."

그러나 막내딸은 뾰루퉁한 얼굴이었다. 아버지가 넌 어떻게 지내냐고 다시 묻자 막내딸은 시아버지가 자기에게 툭하면 부부 관계에 대해 꼬치꼬치 캐물어서 난처하다고 하소연하는 것이었다.

아버지는 막내의 하소연을 들으며 쓴웃음을 지었다. 왜 그랬을까? 막내딸이 시아버지를 헐뜯고 있다는 것을 알고 있었기 때문이다.

사람은 누구나 결점을 가지고 있다. 결점은 그에 대해 적절히 대처하면 극복할 수 있다. 그러나 남을 헐뜯는 것은 살인보다도 위험하다. 살인은 한 사람밖에 죽이지 않지만 남을 헐뜯는 것은 반드시 세 사람을 죽인다. 헐뜯는 사람 자신과 그것을 반대하지 않고 듣고 있는 사람, 그리고 헐뜯는 대상이 된 사람이다.

살인한 닭을 처형하는 방법

닭 한 마리가 있었다. 그 닭은 아기를 죽였다는 죄목으로 재판을 받고 있었다. 조그마한 요람에 뉘어 있던 갓 태어난 아기의 머리를 닭이 쪼아서 죽였기 때문이다. 증인이 법정에 불려 나가 사건에 대해 증언했다. 닭은 유죄 판결을 받고 처형되었다.

닭이라고 해도 살인을 저지른 자로서 유죄라는 형이 확정되지 않는 한 처형할 수 없다.

민족을 구한 요하난

서기 70년 로마인들이 유대의 사원을 모두 파괴하고 유대인들을 멸망시키려 하고 있을 때에도 예루살렘의 유대인들은 비둘기파와 매파로 갈라져 심각한 내분에 휩싸여 있었다. 정쟁과 로마인들의 포악한 위협 속에서 유대 민족이 살아남을 방법을 고민하던 요하난은 마침내 성을 포위하고 있는 로마의 장군을 만나 일대일로 결판을 내지 않으면 안 된다는 결론을 내렸다.

하지만 그 무렵 유대인들은 모두 예루살렘의 성벽 안에 갇혀 있었기 때문에 로마군의 허락 없이는 성 밖으로 나갈 수 없었고, 게다가 당시 비둘기파였던 요하난은 매파에게 일거수일투족 감시를 당하고 있는 상황이었다. 로마의 장군을 만나기 위해서는 일단 성을 빠져나가는 것이 급한 일이었다. 요하난은 묘책을 생각해 냈다.

곧 요하난이 병들었다는 소문이 성내에 빠르게 퍼졌다. 성내에 있는 거의 모든 사람들이 병문안을 와서 먼발치에서라도 그를 보고 갔다. 병색이 완연해서 아무래도 얼마 못 살 것 같다는 근심스런 수군거림이 성안을 가득 채웠다. 그리고 얼마 후 그의 죽음이 발표되었다.

제자들은 성 밖 묘지에 관을 묻기 위해 관을 들고 나섰다.

유대인은 시체를 눈으로 보는 것이 금지되어 있었기 때문에 관 뚜껑은 단단히 덮여 있었다. 하지만 매파의 수비병들은 요하난이 진짜로 죽었는지 확인해야겠다며 관을 칼로 찌르려고 덤벼들었다. 제자들이 가만히 두고 볼 리 없었다. 그들은 죽은 사람을 모독하는 일이라고 펄펄 뛰며 항의했다.

제자들이 필사적으로 관을 지키며 간신히 매파 수비병들을 뚫고 나오자 이번에는 로마 병사들이 역시 길을 가로막고 관을 칼로 찔러 봐야겠다며 으르렁거렸다.

"로마의 황제가 죽었다면, 황제의 관을 칼로 찌를 수 있습니까? 우리의 지도자를 묻으러 가는 길입니다. 게다가 우리는 무장도 하지 않았습니다."

제자들이 침착하게 논리적으로 대응하자 로마 군은 마지못해 길을 열어주었다.

마침내 전선을 빠져나온 요하난은 관 뚜껑을 열고 밖으로 나와 로마의 장군에게 면담을 요청했다.

로마의 장군 앞에 앉은 요하난은 잠시 사령관의 눈을 가만히 바라보았다.

"로마의 황제에게 표하는 경의를 장군에게 표합니다."

그가 조용히 말했다.

황제를 모욕하는 말이라며 버럭 화를 내는 장군에게 요하난이 확신에 찬 목소리로 잘라 말했다.

"장군은 반드시 로마의 황제가 될 것입니다."

"내게 원하는 것이 무엇인지나 말해 보시오."

한결 누그러진 목소리로 장군이 말했다.

"제가 바라는 것은 딱 한 가지입니다. 조그만 교실 한 칸이라도 좋으니 열 명 정도의 랍비가 들어갈 학교를 하나 만들어 주십시오. 그리고 어떤 경우에도 그것만은 절대로 파괴하지 않겠다고 약속해 주십시오."

요하난은 결국 예루살렘이 로마 군에게 점령되어 파괴되리라는 것을 알고 있었다. 그렇게 되면 수많은 유대인들이 학살당하게 되리라는 것도, 그리고 그것을 막을 수 없다는 것도 잘 알고 있었다. 그러나 요하난은 믿었다. 학교만 지킬 수 있다면 유대인의 정신은 끝내 살아남을 것이다.

"좋소, 약속하겠소."

장군은 요하난의 요청이 대단찮은 것에 안심하고 시원하게 대답했다.

얼마 후 황제가 죽고 장군이 황제가 되었다. 요하난의 예언대로 황제가 된 그는 로마 군에게 '그 작은 학교만은 남겨 두라'고 명령했다. 그때 그 조그만 학교에 남아 있던 학자들이 유대의 지식과 전통을 지켰다. 전쟁이 끝난 뒤 유대인들의 생활양식 모든 것도 그 학교가 이끌게 되었다.

아키바의 기도

아키바는 로마로 호송되어 감옥에 갇혔다가 사형이 확정되었다. 십자가에 매다는 것으로는 성이 차지 않았던 로마인들은 불에 달군 인두로 지져 죽이는 가장 잔인한 처형을 결정했다. 마지막 순간까지 처절한 고통 속에 참혹하게 죽어가는 지도자를 보고 유대인들이 다시는 다른 마음을 품지 않도록 하려는 것이었다.

사형이 집행되던 날, 로마의 사령관이 유대인 지도자의 처형을 주관하기 위해 현장에 나와 있었다. 마침 아침 기도 시간이었다. 그는 기도를 시작했다. 시뻘겋게 달군 인두가 그의 몸을 태우는 동안에도 그는 기도를 멈추지 않았다. 이 광경을 지켜 본 사령관은 놀라 휘둥그레진 눈으로 물었다.

"이런 고통 속에서 어떻게 기도를 할 수 있소?"

"지금 이런 순간에도 기도드리는 나에게서 진정 신을 사랑하는 나 자신을 발견하는 기쁨을 느낄 뿐이오."

담담한 대답과 함께 그의 찬연했던 생명의 불꽃이 서서히 꺼져 갔다.

머리와 꼬리

뱀의 꼬리는 항상 머리가 움직이는 방향으로 따라다녀야 하는 제 처지가 늘 불만이었다. 어느 날 마침내 분통이 터진 꼬리는 머리에게 고함을 질렀다.

"나는 왜 항상 너의 뒤에 있어야 하지? 그리고 너는 왜 항상 멋대로 나를 끌고 다니는 거야? 너무 불공평하지 않니? 나나 너나 뱀의 일부이긴 마찬가진데 나는 왜 항상 노예처럼 너한테 끌려 다녀야 하는 거냐고?"

"그야 너에게는 앞을 볼 수 있는 눈도 없고, 소리를 듣고 위험을 알아차릴 귀도 없고, 행동을 결정할 두뇌도 없잖아. 나는 결코 나 자신만을 위해서 그러는 게 아니야. 오히려 너를 바른 길로 인도하기 위해 열심히 일하는 것이지."

머리가 대답했다.

꼬리는 큰 소리로 비웃었다.

"하! 그러시겠지! 정말 지긋지긋하다. 독재자들은 다 그렇게 말하지. 제멋대로 권력을 휘두르면서, 사람들을 억압하고 통제하고 감시하고 협박하면서, 조금이라도 저항하는 꼴을 보면 가차없이 처단해 버리면서, 자기가 바라는 건 오직 국민들이 행복하게 잘 사는 것뿐이고 자기는 정말 모두를 위해서 일하는 거라고……"

꼬리의 불평은 끝이 없었다. 숨도 쉬지 않고 떠들어대는 꼬리의 말을 자르며 머리가 말했다.

"그렇게 불만이면, 네가 한번 앞장서 볼래?"

"나를 따르라!" 꼬리가 두말없이 소리쳤다.

그러나 뱀은 금방 도랑으로 떨어지고 말았다. 머리가 몸을 땅 위로 끌어냈다. 꼬리는 다시 몸을 이끌고 나아가기 시작했다. 그러나 이번에는 그만 가시투성이 덤불 속으로 빠져버렸다. 가시덤불 속을 빠져 나오려고 꼬리는 안간힘을 다했지만 상처투성이 몸은 더욱 더 깊이 가시덤불 속으로 옥죄일 뿐이었다. 머리는 어디 한 번 해 보라고 내버려두고 싶었지만 결국 그러다 죽을 것 같아서 가시에 온통 찔리고 긁힌 몸을 빼냈다.

체면이 말이 아니었지만 그래서 오히려 꼬리는 더 마음이 급해졌다. 실수를 만회하고 자기도 몸을 이끌 수 있다는 것을 보여줘야만 했던 것이다. 꼬리는 급히 달려가다가 이번에는 불길 속으로 떨어지고 말았다. 다급해진 머리가 필사적으로 꼬리를 구해 내려고 했지만 이미 때는 늦었다. 몸은 불타고 머리도 함께 죽고 말았다.

우리는 지도자를 선택할 때 머리를 선택해야지 꼬리를 선택해서는 안 된다.

인내심도 이 정도면

랍비 힐렐도 화를 낸다 안 낸다 하며 입씨름 하던 두 친구가 400주즈를 걸고 내기를 시작했다.

힐렐도 사람이니 화를 낼 것이라고 믿는 친구가 힐렐의 집을 찾아가 문을 두드렸다.

마침 안식일을 앞두고 목욕을 하고 있던 힐렐은 젖은 몸을 수건으로 닦고 옷을 걸친 다음 문을 열었다. 처음 보는 남자가 문 앞에 서 있었다. 남자는 형식적인 인사를 하고 나서 대뜸 이렇게 물었다.

"랍비님, 팔미라 사람들은 왜 시력이 나쁜가요?"

"그건 그들이 사막에서 살기 때문이지. 바람 때문에 모래가 눈에 잘 들어가거든."

힐렐은 친절하게 대답해 주었다. 남자는 꾸벅 인사하고 돌아갔다. 힐렐은 다시 목욕탕으로 들어갔다. 문 두드리는 소리가 들렸다. 힐렐은 젖은 몸을 수건으로 닦고 옷을 걸친 다음 문을 열었다. 아까 그 남자가 문 앞에 서 있었다. 그는 꾸벅 인사하고 나서 물었다.

"랍비님, 아프리카 사람들은 왜 평발인가요?"

"그건 그들이 물이 많은 지역에 살기 때문이라네. 언제나 물속을 걸어 다녀서 발이 평평해진 것이지."

힐렐은 친절하게 대답해 주었다. 남자는 꾸벅 인사하고 돌아갔다. 힐렐은 다시 목욕탕으로 들어갔다. 문 두드리는 소리가 들렸다. 힐렐은 젖은 몸을 수건으로 닦고 옷을 걸친 다음 문을 열었다. 아까 그 남자가 문 앞에 서 있었다. 그는 꾸벅 인사하고 나서 물었다.

"랍비님, 바빌로니아 사람들의 얼굴이 긴 이유는 무엇입니까?"

"아주 중요한 질문이야. 그건 바빌로니아에는 팔레스타인처럼 숙련된 산파가 없기 때문이라네."

힐렐의 말이 끝나자 남자는 화를 내며 말했다.

"이 세상에 랍비님 같은 사람은 또 없을 거예요. 랍비님 때문에 많은 돈을 잃게 됐어요."

그러자 힐렐이 웃으며 말했다.

"내가 인내심을 잃는 것보다 자네가 돈을 잃는 쪽이 훨씬 낫다네."

지도자에게 이 정도의 너그러움, 이 정도의 여유, 이 정도의 자신감을 요구하는 것은 너무 심할지도 모른다. 하지만 세상을 이끄는 0.1%의 일류 인간들에게 이런 덕성을 기대하는 것은 보통 사람들 입장에서는 정당하지 않을까?

바퀴 자국

도시에서 도시로 이동하며 대규모로 장사하는 상인이 있었다. 어느 겨울 아침, 상인은 여러 대의 마차에 물건을 가득 싣고 다음 도시를 향해 출발했다. 중간쯤 갔을 때 갑자기 예상치 못한 폭설이 쏟아지기 시작했다. 삽시간에 30센티미터 이상 눈이 쌓여 길을 분간하는 것조차 힘든 데다가 눈보라가 여전히 휘몰아치고 있었다. 하지만 이미 반 이상을 지나왔기 때문에 돌아가는 것이나 앞으로 나아가는 것이나 어렵기는 마찬가지라고 판단한 상인은 가던 길을 계속 가기로 결정했다.

눈 속에서 길을 잃고 한참을 이리저리 헤매며 고생한 후에야 일행은 가까스로 길을 찾았다. 모두가 안도의 한숨을 쉬고 있는데 상인은 깊은 한숨을 내쉬며 탄식하고 있었다. 마부 한 사람이 물었다.

"이제 길을 찾았는데 왜 그렇게 탄식을 하세요?"

"한 대의 마차가 남기는 바퀴 자국은 바람이나 눈에 금방 지워지지만, 이렇게 무거운 짐을 실은 여러 대의 마차는 깊은 바퀴 자국을 남기게 된다네. 뒤에 오는 마차들은 우리 바퀴 자국을 따라오느라 모두 우리처럼 고생할 것 아닌가."

여우와 노새

길에서 여우가 노새와 마주쳤다. 여우는 통통한 몸매에 밝은 눈, 큰 귀를 가진 노새를 위아래로 훑어보았다.

'저 동물은 뭐지? 말이라고 하기엔 너무 작고, 당나귀도 아닌 것 같고, 난생 처음 보는 동물인걸.'

호기심이 발동한 여우가 노새를 불러 세우자 노새는 기다렸다는 듯이 수다를 떨기 시작했다.

"나는 노새야. 우리 삼촌은 왕의 군마였어. 완전 잘생기고 체격이 완전 우람했지. 삼촌은 폭풍우와 비바람이 이는 것처럼 쏜살같이 달렸고, 삼촌이 발을 구르면 천지가 진동했어. 목에 난 긴 머리칼이 바람에 휘날리는 모습은 얼마나 근사한지 정말 한 폭의 그림 같아. 우리 엄마는 동네에 소문이 자자한 미인이셨어. 우리 아버지는……"

여우는 아차 싶었지만 말 시킨 죄로 꼼짝없이 노새의 자기 자랑을 듣고 있어야 했다. 아주 오래!

독설

세상에서 가장 위험한 것은 독설이다. 독설이란 동료들 사이를 돌아다니며 누가 무슨 일을 했다더라, 누가 무슨 말을 했다더라 하며 이러쿵저러쿵 허튼소리를 하는 것이다.

무슨 말을 듣든 마음속에 묻어라. 친구에게든 원수에게든 남의 말을 옮기지 마라. 입을 다무는 것이 죄가 되기 전에는 들은 말을 누설하지 마라. 네가 수다를 떨면, 남이 너를 경계할 것이며 경우에 따라서는 너를 미워할 수도 있다.

여우와 늑대

어느 날 저녁 여우가 먹이를 먹고 있는데, 지나가던 늑대가 냄새를 맡고 달려와 먹이를 가로채려고 했다.

"이렇게 작은 먹이는 너처럼 덩치 큰 늑대에겐 먹으나 마나일 거야. 내가 먹이를 다 먹게 해 주면 네가 배불리 먹을 수 있는 곳을 알려 줄게." 여우가 말했다.

"좋아. 그 대신 거짓말이면, 알지?"

먹이를 마저 먹고 나서 여우는 늑대를 데리고 우물로 갔다. 우물에는 두레박 두 개가 도르래에 연결된 양쪽 밧줄에 각각 매달려 있었다.

"저 아래를 봐." 여우가 말했다.

늑대는 우물을 들여다 보았다. 새하얀 달덩이가 우물 밑바닥에 둥실 떠 있었다.

"커다란 치즈 조각 보이지? 내려가서 저 치즈를 먹자. 큼직하니까 우리 둘 다 실컷 먹을 수 있어."

여우는 커다란 돌멩이를 집어 들었다. 여우와 늑대는 동시에 각각 다른 쪽 두레박에 올라탔다. 갑자기 여우가 돌멩이를 물속으로 내던졌다. 여우가 탄 두레박은 위로 올라가고, 늑대가 탄 두레박은 아래로 떨어졌다. 여우는 두레박에서 빠져나와 숲속으로 떠나버렸다.

나쁜 관습에도 이유가 있다

유복한 상인이 갓 결혼한 아들 내외와 함께 살고 있었다. 며느리가 아들을 낳자 축하 잔치를 열기로 했다. 가난한 사람들을 돌보는 일에 앞장서고 있던 마음씨 착한 아들이 아버지에게 말했다.

"아버지, 손님들의 좌석 배치를 어떻게 할까요? 남들처럼 부자들은 상석에, 가난한 사람들을 문간에 앉힌다면 제 마음이 무거울 것입니다. 제 아들을 위한 잔치니까 가난한 이들을 귀하게 대접할 기회를 주세요."

아버지가 잠시 생각한 뒤에 말했다.

"이런 식으로 생각해 보면 어떻겠니? 가난한 사람들이 왜 잔치에 올까? 그들은 맛있는 음식을 먹으러 온다. 부자들은 왜 잔치에 올까? 그들은 존중 받으려고 온다. 네 말처럼 가난한 사람들이 상석에 앉고 부자들이 문간에 앉았다고 생각해 보자. 가난한 사람들은 체면을 차리느라 음식을 마음껏 먹을 수 없을 테고 부자들은 모욕을 당했다고 생각할 것이다. 네 말이 좋은 일인 줄은 알지만, 세상의 관습을 바꾸는 일은 생각처럼 쉽지 않단다. 모든 관습에는 다 이유가 있기 마련이니."

하필 안식일에

어느 안식일 오후에 랍비의 연구실에서 창밖을 내다보던 남자가 랍비에게 물었다.

"랍비님, 안식일에 물에 빠져 죽어가는 암소를 발견하면 구해 주어야 하나요? 아니면 그냥 내버려 두어야 하나요?"

"그냥 내버려 둬야지. 안식일에는 아무 일도 하면 안 되니까. 그런데 그건 왜 묻나?"

"저기 암소 한 마리가 호수에 빠졌네요."

"그래? 어쩔 수 없지."

"아이고, 이제 암소의 머리까지 물이 찼네요. 불쌍한 것 같으니라구." 남자가 소리쳤다.

"뭘 그리 흥분하나? 자네 암손가?"

"아니요. 랍비님네 암솝니다."

나는 내 방식대로

대대장이 거친 목소리로 병사들을 격려했다.

"병사들이여! 적군은 우리 병력과 맞먹는다. 한 사람이 한 놈씩 맡아서 해치운다. 알겠나!"

그러자 한 병사가 씩씩하게 외쳤다.

"저는 두 놈을 맡겠습니다!"

그러자 다른 병사가 조그맣게 말했다.

"그럼 저는 집으로 보내 주세요."

6
사랑하며 사는 사람들

사랑은 결점을 감추고 증오는 장점을 감춘다. 사랑의 눈으로 보면 이해 못할 일이 없다.

사랑은 잼이다. 그러므로 인생이라는 빵과 함께 먹어야 살아갈 수 있다. 아무리 열렬한 사랑으로 맺어진 부부라 해도 사랑만으로 평생을 살 수는 없다. 신혼여행은 일주일이면 끝난다. 그러나 인생은 일주일로 끝나지 않기 때문이다.

자신에게 알맞은 자리보다 늘 조금 낮은 곳을 택하라. 다른 사람들로부터 내려가라는 말을 듣는 것보다는 올라오라는 말을 듣는 편이 훨씬 낫다.

결혼

결혼은 여섯 가지 요소로 이루어져 있다.
하나는 '사랑'이고,
나머지 다섯 가지는 모두 '믿음'이다.
결혼한 처음 3주일은 서로 관찰하고,
다음 3개월은 서로 사랑하며,
그 다음 3년은 싸우면서 지내고,
그 다음 30년은 서로 용서하며 보낸다.

진정한 친구

전쟁 때문에 헤어진 뒤 서로 적국인 나라에서 떨어져 살게 된 두 친구가 있었다. 한 친구가 다른 친구를 찾아갔다가 간첩 혐의로 붙잡혀 사형선고를 받았다. 변명을 해도 소용이 없자 그는 국왕에게 청했다.

"폐하, 저에게 한 달만 시간을 주십시오. 고향으로 돌아가 가족들에게 작별인사를 하고 오겠습니다."

"그따위 말을 어떻게 믿는단 말이냐?"

"제가 보증하겠습니다. 그가 돌아오지 않는다면 대신 저를 죽이십시오." 옆에 있던 친구가 나섰다.

왕은 친구를 위해 목숨을 거는 우정에 감동해서 그의 귀향을 허락했다.

한 달이 흘렀다. 해가 뉘엿뉘엿 지고 있었다. 약속한 기한이 다하고 있었지만 그는 돌아오지 않았다. 왕은 그럼 그렇지 하는 표정으로 그의 친구를 물끄러미 바라보았다. 아까운 사람이지만 약속은 약속이니 어쩔 수 없다고 생각한 왕은 그의 친구를 처형하라고 명령했다.

그때 멀리서 뭐라고 커다랗게 고함을 지르며 달려오는 한 남자의 모습이 보였다. 헐레벌떡 달려온 그 남자는 가쁜 숨을 몰아쉬며 큰 소리로 왕에게 외쳤다.

"오는 도중에… 생각지도 못한 일이 생겨서 늦었습니다. 이렇게라도 시간을 맞출 수 있어서 정말 다행입니다. 이제 친구를 살려주시고 저를 죽이십시오."

왕은 감동해서 두 사람을 모두 살려주었다.

"두 사람의 우정이 정말 대단하구나. 나도 너희들과 함께 그 우정을 나눌 수 있으면 좋겠다."

그 날 이후 두 사람은 왕의 친구가 되었다.

현명한 사람들은 친구를 사귈 때 너무 일찍 그를 신임하지 말라고 충고한다.

어떤 사람은 자신이 필요할 때만 친구를 찾고 친구가 어려움을 겪을 때에는 모른 체한다. 어떤 사람은 친구를 이간질하고 싸움을 부추겨 치욕을 맛보게 한다. 어떤 사람은 친구가 잘 나갈 때는 살갑게 굴다가 친구가 어려움에 처하면 단칼에 관계를 끊어버린다. 그러므로 적수와 일정한 거리를 유지해야 하는 것처럼 친구와의 관계에서도 항상 주의를 기울여야 한다.

충실한 친구는 안전한 대피소와 같다. 이런 친구를 가진 자는 큰 재산을 가진 것과 같다. 충실한 친구의 가치는 무한대이다. 돈으로 가치를 따질 수 없기 때문이다. 오래된 친구를 버리지 마라.

솔로몬 왕은 딸바보

솔로몬 왕에게는 매우 현명하고 아름다운 딸이 하나 있었다. 솔로몬 왕은 그 딸을 유난히 아꼈다.

어느 날 밤 솔로몬 왕은 꿈을 꾸었다. 딸의 남편이 될 사람을 미리 내다보는 꿈이었다. 잠에서 깬 왕은 그가 딸에게 어울리지 않는 나쁜 젊은이라는 것을 예감했다. 그것은 절대로 용납할 수 없는 일이었다.

솔로몬 왕은 작은 섬에 별궁을 짓고 높은 담장으로 둘러싼 다음 그 안에 딸을 가두었다. 그리고 누구도 별궁에 들어가지 못하도록 많은 감시병을 배치했다.

한편 솔로몬 왕이 꿈에서 본 그 젊은이는 황무지를 헤매고 있었다. 밤이 되자 혹독한 추위가 몰려왔다. 그는 마침 죽은 사자를 발견하고 사자의 시체 속으로 들어가 얼어죽는 것을 면했다.

갑자기 어디선가 어마어마하게 커다란 새가 날아와서 사자를 통째로 들어 올렸다. 그러나 아무래도 힘이 부쳤는지 날아가던 도중에 그만 사자를 떨어뜨리고 말았다. 하필이면 공주가 갇혀 있는 별궁 뜰이었다.

그렇게 두 사람은 만나게 되었고 얼마 지나지 않아 두 사람은 사랑에 빠졌다.

사랑의 편지

사랑에 빠진 젊은 연인이 있었다. 남자는 아가씨에게 평생 성실히 사랑할 것을 편지로 맹세했다. 두 사람은 매일 만나 사랑을 속삭이며 달콤한 나날을 보냈다.

어느 날 남자는 여행을 떠났다. 그녀는 그가 돌아오기를 손꼽아 기다렸지만 그는 좀처럼 돌아오지 않았다. 친구들은 그녀를 불쌍하게 여겨 동정했지만 그녀를 시기하는 사람들은 악담을 퍼부었다.

"한번 떠난 남자는 절대로 돌아오지 않아."

사랑을 맹세했던 그의 편지는 그녀를 울게도 했지만 마음을 위로해 주었고 하루하루를 버티는 힘이 되었다.

그러던 어느 날 거짓말처럼 연인이 돌아왔다. 그녀는 그동안의 괴로움을 그에게 호소했다.

"그렇게 힘들고 괴로웠는데 어떻게 정절을 지키며 기다릴 수 있었어?" 그가 다정하게 물었다.

"나는 이스라엘 여인이니까요."

그녀가 활짝 웃으며 힘주어 말했다.

유대인들은 온갖 시련과 환란 속에서도 하나님이 주신 그 거룩한 약속을 읽으며 이스라엘을 지켜냈다.

세 사람의 친구

즉시 왕궁으로 오라는 명령을 받은 사나이가 있었다. 갑작스런 왕의 부름에 사나이는 혹시 무슨 나쁜 일이라도 생기는 것이 아닌지 두려운 생각이 앞섰다.

사나이에게는 세 사람의 친구가 있었다. 첫 번째 친구는 그가 가장 사랑하고 소중히 여기는 친구였다. 두 번째 친구 역시 사랑하고 있었지만 첫 번째 친구만큼 소중하게 대하지는 않았다. 그리고 세 번째 친구는 그다지 각별하다고는 할 수 없는 그냥 친구였다.

그는 첫 번째 친구에게 함께 가달라고 청했다. 친구는 단번에 거절했다. 두 번째 친구는, 성문 앞까지는 함께 가 줄 수 있지만 그 이상은 싫다고 말했다. 그러나 세 번째 친구는 기꺼이 그를 따라나서며 말했다.

"암 좋고말고. 잘못한 게 없다면 두려울 게 뭐가 있어. 내가 함께 가서 너의 증인이 되어 줄게."

첫 번째 친구는 재산이다. 두 번째 친구는 친척이다. 세 번째 친구는 선행이다. 선행은 평소에는 눈에 띄지 않지만 죽은 뒤에도 그와 함께 있다.

미움과 증오

한 친구가 다른 친구에게 낫을 빌리러 갔다가 거절당했다. 다음 날 낫을 빌려주지 않았던 친구가 낫을 빌리러 왔던 친구에게 도끼를 빌리러 왔다.

"너는 낫을 빌려주지 않았으니 나도 너에게 도끼를 빌려주지 않을 거야."

이렇게 말하면 두 사람 사이에 미움이 생긴다.

"여기 있어. 넌 나에게 낫을 빌려주지 않았지만 나는 너에게 도끼를 빌려줄게. 난 너와 다르니까."

이렇게 말하면 두 사람 사이에 증오가 생긴다.

약속은 지킵시다

한 소녀가 길을 잃고 헤매다 그만 우물에 빠지고 말았다. 외진 곳에서 아무도 모르게 죽을 지도 모를 일이었다. 왈칵 겁이 난 소녀는 허공을 향해 무작정 살려 달라고 힘껏 고함을 질렀다. 마침 한 남자가 지나가다 우물 안을 들여다보았다. 소녀가 기쁨의 눈물을 흘리며 도움을 청하자 남자가 물었다.

"내가 구해주면 나와 자 줄래?"

어이없는 일이었지만 선택의 여지가 없었다.

"네……"

남자는 한참을 애쓴 끝에 소녀를 우물에서 끌어올렸다. 멀리서 보았을 때보다 훨씬 더 아름다운 소녀였다.

"자, 이제 약속을 지켜." 남자가 말했다.

"어느 집안 출신이세요?" 소녀가 물었다.

그는 자신이 사제 집안 출신이라고 말했다.

"저도 사제 집안 출신이에요. 신성한 사제 집안의 사람들이 결혼 서약도 하지 않고 동물처럼 행동해도 되는 걸까요? 부탁이에요. 나중에 꼭 저의 집에 와서 부모님께 허락을 받고 저와 결혼하겠다고 약속해 주세요."

소녀가 다시 진지하게 말했다.

남자는 그 말에 동의했고, 두 사람은 결혼을 맹세했다. 주위에 아무도 없었으므로 두 사람은 하늘, 그리고 마침 우물과 지나가던 쥐를 증인으로 세웠다.

각자 집으로 돌아간 뒤 소녀는 서약을 지키기 위해 모든 청혼을 거절했다. 그렇지만 혼기가 다 찬 명문가의 아름다운 처녀에게는 청혼이 끊임없이 들어오기 마련이었다. 소녀는 마침내 옷을 찢고 사람들에게 돌을 던지기도 하면서 맨발로 거리를 헤매고 다녔다. 이제는 그녀에게 아무도 청혼하지 않게 되었다.

한편, 남자는 맹세를 까맣게 잊어버리고 다른 여자와 결혼하여 아들을 낳았다. 그런데 어느 날 아기가 마당에서 놀고 있을 때 쥐가 나타나서 물어 죽였다. 둘째 아들은 우물에 빠져 죽었다.

아이의 어머니는 슬픔 속에서도 신이 하시는 일에는 반드시 까닭이 있을 것이라고 생각했다.

"만약 신께서 어린 아들들의 죽음으로 우리를 벌하신 거라면, 우리는 뭔가 죄를 범한 것이 틀림없어요. 한번 곰곰이 생각해 보세요. 저는 아무리 생각해도 짐작 가는 데가 없네요." 그녀는 남편에게 말했다.

남편은 퍼뜩 소녀와의 약속이 떠올랐다. 그가 아내에게 그 일에 대해 이야기하자 아내는 그에게 약속을 지켜야 한다고 말했다.

그는 아내와 이혼하고 나서, 가물가물한 기억을 더듬어 소녀가 사는 도시로 가서 소녀의 집을 찾아갔다.

"그 아이는 이미 오래전부터 정신이 이상해져서 이제 누구와도 결혼할 수 없게 됐소."

소녀의 아버지가 말했다. 남자는 극심한 죄책감을 느꼈다. 한 번만이라도 그녀를 만나게 해달라고 간청했다. 아버지는 마지못해 남자를 딸의 방으로 안내했다.

"아가씨, 나를 봐요. 기억 안 나요?" 남자가 말했다.

미친 여자가 남자를 쳐다보았다.

"허허벌판 우물에서 당신을 구해준 사람이요."

그가 그 날의 일을 하나하나 이야기하는 동안 그녀는 물끄러미 그를 바라보고 있었다. 그녀는 온전한 여인으로 돌아와 다정하게 말했다.

"보세요. 저는 약속을 지켰어요. 당신 때문에, 당신과의 약속을 지키기 위해서 저는 오랫동안 고통 속에서 살았어요. 하지만 이제 당신이 왔으니 됐어요."

두 사람의 이야기를 듣고 그녀의 부모는 감격의 눈물을 흘렸다.

두 사람은 부부가 되어 아들 딸 낳고 오래오래 행복하게 살았다.

질투

"랍비여, 당신은 모든 것을 다 알고 있습니다. 아담이 낙원에서 아침이 되어 돌아오면, 이브가 어떻게 하는지 가르쳐 주십시오."

한 남자가 랍비에게 짓궂게 물었다.

"이브는 아담의 갈비뼈 수를 세어 봅니다."

랍비가 짓궂게 대답했다.

최고의 지혜는 친절한 마음

어느 작은 도시에 두 형제가 있었다. 공부를 잘 하는 영리한 형은 부모의 자랑이자 기쁨이었다. 그러나 어리석은 동생은 먹을 것만 축내는 천덕꾸러기일 뿐이었다.

어느 날 형은 세상에 나가 큰돈을 벌어 오겠다며 집을 나섰다. 부모는 아들이 좋아하는 음식과 물건들을 잔뜩 챙겨 짐을 꾸려주고, 그동안 모아 둔 돈을 다 털어 여행 경비로 주면서도 걱정이 이만저만 아니었다.

씩씩하게 집을 나선 형은 마을 입구에서 털이 듬성듬성 뭉쳐 있는 더럽고 냄새 나는 떠돌이 개를 만났다.

"내 몸을 깨끗하게 씻고 털을 빗질하고 먹을 것을 좀 줄래? 은혜는 꼭 갚을게." 개가 말했다.

"꺼져, 이놈의 개! 우리 아버지도 어머니도 그런 일은 하지 않아. 그러니 나도 안 해!"

형이 돌멩이를 집어 들고 위협하자 개는 달아났다.

좀 더 걸어가니 우물이 보였다. 그러나 물 위에는 초록색 이끼가 떠 있었고 우물 곁에는 지저분한 진흙이 여기저기 쌓여 있었으며, 물을 뜨기 위해 우물에 걸쳐 놓은 은국자에는 시커멓게 녹이 슬어 있었다. 형은 목이 말랐지만 너무 더러워서 그냥 가려고 돌아섰다.

"나를 청소해 줘. 내 은국자를 닦고 진흙도 좀 치워줘. 은혜는 꼭 갚을게." 우물이 말했다.

"우리 아버지도 어머니도 그런 일은 하지 않아. 그러니 나도 안 해!" 형은 화를 내며 소리쳤다.

조금 더 걸어가니 이번에는 배나무 한 그루가 그를 불렀다. 앙상한 가지 위에 시든 잎들이 간신히 매달려 있었고, 메마른 땅은 사방으로 갈라져 있었다.

"내 시든 가지를 쳐내고 내 뿌리의 흙을 파헤쳐서 물을 좀 뿌려줄래. 은혜는 꼭 갚을게."

"우리 아버지도 어머니도 그런 일은 하지 않아. 그러니 나도 안 해!" 형은 이번에도 딱 잘라 거절했다.

한참을 걸어서 그는 마침내 도시에 도착했다. 그는 커다란 여관에 들어가서 주인에게 청했다.

"여기서 일하고 싶어요. 보수는 주는 대로 받겠습니다."

"좋아. 1년 동안 일해 봐. 먹을 것과 잠자리는 제공하지. 열심히 일하면 보수를 주겠네."

형은 1년 동안 열심히 일했다. 형이 보수를 지불해 달라고 요구하자 주인이 말했다.

"마구간에 가면 말, 마차, 그리고 상자들이 있을 거야. 마음에 드는 것을 골라 돈 대신 가져가게."

형은 가장 건강하고 젊은 말에 제일 좋은 안장을 얹고, 번쩍이는 새 마차에는 커다란 상자를 실었다.

도시에서 나오자 황금색 열매가 가득 달린 배나무가 보였다. 형이 마차에서 내려 열매를 따려고 나뭇가지를 잡아당기자, 가지가 손을 홱 뿌리치며 소리쳤다.

"꺼져, 이 못된 녀석! 내가 부탁할 때는 거절하더니 지금 내 열매를 따려고?"

형은 당황하여 얼른 마차에 올라타고 길을 떠났다. 맑은 물이 찰랑거리는 우물을 발견하자 갑자기 목이 말랐다. 형이 물을 마시려고 반짝이는 은빛 국자를 집어 들자 국자가 손에서 미끄러지며 소리쳤다.

"꺼져, 이 못된 녀석! 내가 부탁할 때는 거절하더니 지금 내 물을 마시려고?"

형은 얼굴을 붉히면서 다시 마차로 돌아갔다. 고향 마을에 가까워졌을 때, 진주와 다이아몬드로 장식한 파란 목걸이를 목에 건 사랑스러운 개 한 마리가 보였다.

형은 마차에서 내려 강아지를 불렀다.

"강아지야, 이리 온."

개가 슬금슬금 가까이 다가왔다. 형은 값비싸 보이는 목걸이를 벗기려고 개를 붙잡았다.

"왈! 으르렁! 꺼져, 이 못된 녀석! 내가 부탁할 때는 거절하더니 지금 내 다이아몬드와 진주를 갖고 싶은 거냐? 한 번만 더 손대면 물어뜯어버릴 테니 그리 알아!"

형은 화가 나서 말을 채찍질하여 집을 향해 달렸다. 캄캄한 밤이었지만 그는 문을 쾅쾅 두드리며 외쳤다.

"아버지, 어머니! 저예요. 제가 선물을 많이 가지고 돌아왔으니 테이블보를 펼쳐주세요."

부모는 아들을 반갑게 맞아들이며 큰소리로 외쳤다.

"동네 사람들! 우리 집에 와서 우리 아들이 가지고 온 선물을 구경하세요."

온 동네 사람들이 다 모여들었다. 그런데 이게 어찌된 일인가! 가장 좋은 젊은 말은 늙어빠진 말이 되었고, 번쩍이는 새 마차는 낡은 짐수레로 변해 버렸으며, 고물상자가 되어 버린 커다란 새 상자에서는 더러운 진흙과 오물들이 쏟아져 나왔다. 집안은 온통 엉망진창이 되었고 동네 사람들은 고개를 흔들며 돌아갔다.

이번에는 어리석은 동생이 세상 밖으로 나섰다. 네까짓 게 뭘 하겠냐면서 부모는 집 떠나는 아들에게 건빵이 든 자루와 물통, 그리고 약간의 돈을 주었을 뿐이었다.

동생은 더럽고 냄새나는 떠돌이 개를 만났다.

"내 몸을 깨끗하게 씻고 털을 빗질하고 먹을 것을 좀 줄래? 은혜는 꼭 갚을게."

동생은 개에게 건빵과 물을 주고 개를 깨끗이 씻긴 다음, 엉킨 털을 곱게 빗어주었다.

좀 더 걸어가니 오래 된 우물이 보였다. 물은 온통 초록색 이끼로 덮이고 근처에는 지저분한 진흙이 여기저기 잔뜩 쌓여 있었으며, 우물에 걸쳐 놓은 은국자에는 시커멓게 녹이 슬어 있었다.

"나를 깨끗하게 청소해 줘. 내 은국자를 반짝반짝하게 닦아줘. 은혜는 꼭 갚을게." 우물이 말했다.

"아무래도 그래야 할 것 같아. 이래서야 아무도 물을 마실 수 없잖아."

동생은 우물을 말끔하게 청소하고 은국자를 반짝반짝 빛나게 닦은 다음, 진흙도 깨끗이 치웠다.

조금 더 걸어가니 이번에는 배나무 한 그루가 그를 불렀다. 앙상한 가지 위에 시든 잎들이 간신히 매달려 있었고, 메마른 땅은 사방으로 갈라져 있었다.

"내 시든 가지를 쳐내고 내 뿌리의 흙을 파헤쳐서 물을 좀 뿌려줄래. 은혜는 꼭 갚을게."

"아, 정말 힘들겠구나. 내가 도와줄게."

동생은 가지를 정돈하고 뿌리의 흙을 부드럽게 일군 다음, 물을 흠뻑 뿌려주었다.

마침내 동생은 형이 왔던 바로 그 도시에 도착했다. 그도 역시 형이 일했던 커다란 여관에서 일자리를 얻어 1년 동안 열심히 일했다.

1년이 지나자 여관 주인이 말했다.

"마구간에 가면 말과 마차, 상자들이 있을 거야. 마음에 드는 것을 골라 돈 대신 가져가게."

동생은 1년의 대가로 무엇이 합당할지 생각했다.

"이 말은 정말 멋지군. 하지만 1년 일한 대가로는 너무 과분해. 이 늙은 말과 낡은 마차, 그리고 작은 상자 몇 개만 가져가자. 그거면 충분해."

마차를 타고 도시에서 나오자 황금색 열매가 가득 달린 배나무가 눈에 들어왔다. 동생이 나무에게 물었다.

"나무님, 열매 하나만 따 먹어도 될까요?"

"그럼, 얼마든지 따려무나. 너는 그럴 자격이 있어."

동생은 배를 하나 딴 다음, 다시 길을 떠났다. 얼마 후 맑은 물이 찰랑거리는 우물이 보였다. 그는 우물가로 가서 우물에게 물었다.

"우물님, 물을 조금 마셔도 될까요?"

반짝이는 은빛 국자가 그의 손으로 뛰어들며 말했다.

"얼마든지 마셔. 기념으로 나도 가져가."

동생은 은빛 국자로 시원한 물을 떠서 마시고, 국자를 손에 들고 마차로 돌아갔다. 고향 마을에 가까워졌을 때, 진주와 다이아몬드가 달린 파란 목걸이를 목에 건 사랑스러운 개 한 마리가 그에게 달려와서 말했다.

"이 목걸이에 달린 진주와 다이아몬드를 가져가. 너에게 주는 선물이야."

동생이 집으로 돌아왔을 때는 어두운 밤이었다. 모두 깊은 잠에 빠져 있었다. 동생은 현관 앞에 앉아서 날이 새기를 기다렸다. 아침이 되자 동생은 문을 두드렸다.

"아버지, 어머니! 저예요. 제가 선물을 가지고 돌아왔으니 테이블보를 펼쳐주세요." 동생이 말했다.

"테이블보를 펼치라고? 너한테는 그냥 베보자기로 충분할 거야!"

아들을 맞으며 어머니가 말했다.

어머니는 마지못해 아들이 가져온 작은 상자를 열고 안에 있는 것을 꺼내기 시작했다. 세상에! 상자 속에서는 금, 은, 다이아몬드, 진주, 그리고 갖가지 보물들이 끊임없이 나왔다. 집안은 온통 번쩍이는 보물로 가득찼다. 부모는 동생을 끌어안고 입을 맞추며 말했다.

"도대체 어느 아들이 어리석고 어느 아들이 영리한 거냐?"

친절은 겸손과 같다. 겸손하지 않으면 친절할 수 없고, 친절하지 않으면 겸손할 수 없다.

7
돈은 기회를 제공한다고 믿는 사람들

사람에게 상처를 주는 것이 셋 있다. 고뇌, 다툼, 빈 지갑이다. 그 가운데서도 가장 큰 상처를 주는 것은 빈 지갑이다.
돈은 많을수록 좋다. 그리고 부자는 가난한 사람을 전제로 한다. 모든 사람들이 부자라면 부자라는 것도 의미가 없는 것이, 무조건 남보다 풍요롭게 되기를 원하는 것이 인간의 속성이기 때문이다.
식사를 하는 것은 웃기 위한 것이고 포도주는 인생을 즐겁게 한다. 돈은 모든 필요를 해결해 준다.

자물쇠의 용도

문에 자물쇠를 채우는 것은 도둑을 막기 위한 것일까? 아니다. 그것은 정직한 사람이 안으로 들어가지 않도록 하기 위해서이다.

도둑이 그 집안으로 들어가 물건을 훔치려고 한다면 자물쇠가 채워져 있든 말든 어차피 들어가고야 말 것이다. 그러나 만일 문이 열려 있으면 정직한 사람이라도 들어가 보고 싶은 유혹을 받을지도 모른다.

그래서 집을 비울 때나 차에서 내릴 때에 자물쇠를 채우는 것은 정직한 사람을 유혹하지 않기 위해서다.

우리는 남을 유혹하면 안 된다. 유혹하지 않기 위해서는 자물쇠를 채울 필요가 있다.

잃어버린 돈 주머니를 찾는 방법

어느 시골 상인이 물건을 구입하기 위해 도시로 올라왔다가 며칠 후에 대대적인 할인 행사를 한다는 말을 듣고 그때까지 기다리기로 마음먹었다. 그런데 문제는 돈 주머니였다. 들고 다니자니 무겁고, 어디 맡길 데도 없고, 무엇보다 도둑이라도 맞으면 큰일이었다.

그래서 그는 한적한 장소를 찾아내서 돈을 주머니째 땅속에 묻고 표시를 해두었다. 그런데 이튿날 그곳에 가서 확인해 보니 돈이 사라지고 없었다. 그는 주위를 둘러보았다. 조금 떨어진 곳에 덩그마니 집 한 채가 서 있었는데 벽에는 구멍이 숭숭 뚫려 있었다. 그는 그 집에 사는 사람이 돈을 파묻는 것을 구멍으로 내다보고 나중에 파 낸 것이 틀림없다는 생각이 들었다.

그는 그 집 앞으로 걸어가서 안을 들여다보았다. 마침 노인 한 분이 마당에서 문 쪽으로 걸어 나오고 있었다. 그는 노인에게 말을 걸었다.

"안녕하세요? 저는 시골에서 장사를 하는 사람입니다. 도시에 사는 노인들은 대단히 현명하시다는 말을 들었습니다. 그래서 마침 만났으니 지혜를 좀 빌렸으면 합니다만……"

"무슨 일인데 그러슈?"

노인이 귀찮다는 표정으로 데면데면 대답했다.

"사실 저는 이곳에 물건을 사러 왔습니다. 그래서 돈주머니를 두 개 준비했지요. 하나에는 5백 개의 은화가 들어있고 또 하나에는 8백 개의 은화가 들어 있습니다. 그런데 며칠 뒤에 대대적인 할인행사가 있다지 뭡니까. 그래서 저는 어제 그 작은 주머니를 몰래 땅속에 감추어 두었습니다. 그런데 나머지 큰 주머니도 함께 감추어 두는 것이 좋을지 아니면 누군가 믿을 수 있는 사람에게 맡겨두는 것이 좋을지 판단이 서지 않아서요."

상인이 어리숙한 표정으로 말하자 노인이 눈을 반짝반짝 빛내며 싹싹하게 대답했다.

"아이고, 사람 참 순진하구먼. 세상에 믿을 사람이 누가 있다고 그러슈? 땅속에 묻어두는 게 최고야. 내가 당신이라면 작은 주머니를 감춰둔 곳에 큰 주머니도 함께 묻겠소."

"역시 그게 제일 안전하겠죠? 제 생각에도 그게 제일 좋을 것 같아요."

상인이 자리를 뜨자 욕심쟁이 노인은 얼른 달려가서 자기가 훔쳐 온 돈 주머니를 그곳에 도로 묻었다.

상인은 숨어서 보고 있다가 파내어 무사히 자기의 돈주머니를 되찾았다.

나보다 더 가난한 사람

젊은 시절 가난한 양치기였던 아키바는 부유한 농장주의 딸과 사랑에 빠졌다. 부모의 반대를 무릅쓰고 결혼한 두 사람은 집에서 쫓겨나고 말았다.

그들은 매우 가난해서 이불 대신 볏짚을 깔고 잠을 잤다. 아키바가 아내의 머리에 붙은 볏짚을 털어내며 말했다.

"당신에게 예쁜 장신구를 사줄 수 있다면 얼마나 좋을까! 내가 나중에 예루살렘 지도가 달린 금 장식을 사줄게."

어느 날 랍비 엘리자가 평범한 사람으로 꾸민 다음 그들의 문 앞에 서서 말했다.

"나에게 볏짚을 좀 주게. 내 아내가 아이를 낳는데 바닥에 깔 것이 아무것도 없다네."

아키바가 아내를 돌아보며 말했다.

"우리가 아주 가난하다고 생각했는데 바닥에 깔 볏짚조차 없는 사람도 있군."

랍비 아키바는 랍비들 가운데 가장 존경받는 인물로 최초의《탈무드》편집자이며 유대의 민족 영웅이다.

우리는 받을 것만

임종을 앞둔 유대인이 아들을 불렀다. 누구에게 얼마를 빌려줬는지 아버지가 기억을 되새기며 불러주는 동안 아들은 꼼꼼하게 받아 적었다. 아버지가 이제 다 됐다고 말하자 아들이 말했다.

"아버지, 이제 우리가 누구한테 얼마를 빌렸는지 알려주세요."

아버지가 기운 없는 목소리로 대답했다.

"전혀 그럴 필요 없다. 돈 받을 사람들이 다 기억하고 있을 테니까."

전보는 최대한 짧게

사위가 장인 장모에게 전보를 쳤다.

'레베카 경사스럽게도 아들 순산'

전보를 받고 딸과 손자를 보기 위해 달려온 장인이 사위에게 말했다.

"전보는 최대한 짧게 해야지. 글자 하나하나가 돈인 걸 모르나?"

"그보다 더 어떻게 짧게 보내요?"

"레베카는 필요 없는 말이지. 그 애 말고 누가 출산을 했겠나? 남의 아내가 출산을 했다고 전보를 쳤겠나? 경사스럽게는 또 뭔가? 경사스럽지 않을 수도 있단 말인가? 게다가 순산이라니? 순산이 아니면 황새가 아기를 갖다 주기라도 하나? 또 아들이라는 말도 쓸 필요가 없었어. 딸이라면 경사스러울 리가 없으니까 말이지."

같은 값이면

여행을 떠난 남편에게서 전보가 왔다.

'**역 16시 20분 도착, 방울뱀을 가지고 감'

역으로 남편을 마중 나간 아내는 남편의 여행 가방을 바라보면서 미심쩍은 표정으로 물었다.

"방울뱀은 어디 있어요?"

"아, 그거? 기본요금에 8글자를 더 쓸 수 있다고 해서 그냥 덧붙인 거야. 우체국에 헛돈 쓸 필요 없잖아?"

문맹이라서 다행?

직장을 얻기 위해 이리저리 알아보던 한 이민자가 교회에서 총무를 구한다는 말을 듣고 교회의 담당자를 찾아갔다. 담당자는 총무의 업무에 대해 설명했다.

"크게 어려운 일은 없습니다. 교회를 청소하고, 예배 시간에 문을 열어 놓고, 기도서를 나누어주고, 교회에 낸 헌금에 영수증을 발급해 주고, 주로 그런 일들을 하시게 됩니다."

"저, 글을 읽거나 쓸 줄 몰라도 괜찮습니까?"

그가 머뭇거리며 물었다.

"그럼 안 되겠네요. 총무는 글을 쓸 줄 알아야 하거든요."

담당자가 대답했다.

글을 모르는 사람이 취직하기는 아무래도 어려울 것 같았다. 할 수 없이 그는 돈을 어렵사리 빌려서 행상을 시작했다. 장사가 무척 잘 되어 그는 장사를 시작한 지 얼마 되지도 않아 상점을 개업했다. 그리고 몇 년 뒤에는 이미 상점을 여러 개 가진 사장이 되어 있었다. 어느 날 그는 또 다른 곳에 상점을 열기 위해 돈을 빌리려고 거래은행을 찾아갔다.

"5만 달러가 필요합니다." 그가 말했다.

"물론 빌려 드리지요. 여기 계약서에 서명해 주세요."

은행 직원이 계약서와 펜을 건네주면서 말했다.

"아, 저는 글을 쓸 줄 모르는데요."

그가 조금 부끄러운 기색으로 말하자 은행 직원은 깜짝 놀라 두 손을 가슴에 대면서 말했다.

"사장님이 만약 글을 쓸 줄 아셨다면 지금쯤 어떤 사람이 되어 계실까요?"

"아마 교회의 총무가 되어 있을 것입니다."

그는 미소를 지으며 대답했다.

계산은 정확히

할머니 한 분이 되돌아온 편지를 들고 우체국에 가서 창구 여직원에게 물었다.

"아가씨, 내 편지가 왜 되돌아왔을까요?"

우체국 직원이 편지를 살펴보고 말했다.

"우표에 비해서 편지가 무거워서 그래요."

"그럼 이제 어떻게 해야 되요?"

"우표를 하나 더 붙이세요."

할머니는 별소릴 다 듣는다는 표정으로 대꾸했다.

"이봐요, 아가씨. 우표를 하나 더 붙이면 편지가 더 무거워지잖우."

가장 훌륭한 상술은 정직

한 유대인이 낯선 술집에 들어가서 맥주 한 잔을 주문했다. 맥주 절반에 거품이 절반인 맥주가 나왔다. 그는 술집 주인에게 물었다.

"하루에 맥주를 몇 병이나 파세요?"

"한 스무 병 정도 팝니다."

"그 두 배 이상 팔 수 있는 방법이 있습니다."

"그게 뭔데요?"

"잔에 맥주를 가득 채우는 겁니다."

가난할 팔자

부유한 형과 가난한 동생이 있었다. 형은 동생의 자존심을 건드리지 않고 도울 방법이 없을까 궁리하다가 그럴듯한 방법을 생각해 냈다.

그는 동생이 지나가는 골목에 가서 동생이 지나갈 시간에 맞춰 금화가 든 자루를 길 한복판에 놓아두고 숨어서 지켜보았다.

가난한 동생이 골목 어귀에 나타나 중얼거렸다.

“대체 장님은 어떤 느낌일까? 한번 체험해 볼까?”

그러더니 그는 눈을 감고 장님처럼 더듬거리며 걸어가는 것이었다. 그는 금화자루를 지나쳐 가더니 역시 눈을 감고는 못 걷겠다면서 눈을 뜨고 걸어갔다.

부자 아버지

구두쇠라고 소문난 부자가 있었다. 어느 날 그는 위원회로부터 가난한 사람들이 무교병(누룩을 넣지 않고 만든 빵)을 살 수 있도록 돈을 기부해 달라는 부탁을 받았다. 그는 차마 거절은 못하고, 위원회에 돈을 쥐꼬리만큼 기부했다.

"당신의 아들은 가난한 데도 당신보다 많은 돈을 냈습니다." 사람들이 빈정거렸다.

"그에게는 부자인 아버지가 있잖아요. 그렇지만 나에게는 그런 아버지가 없답니다." 그가 대답했다.

슬픈 이유

엄청나게 부유한 사람이 죽었다. 죽은 사람의 마지막 모습을 보기 위해 부유한 문상객들이 몰려들었다.

아주 초라한 사람 하나가 격렬하게 흐느끼며 영구 행렬을 따라가고 있었다. 함께 영구 행렬을 따라 걷던 사람이 그 가련한 사람을 격려하며 말했다.

"아주 가까운 분이셨나 봐요."

"아니요. 그와는 아무 관계도 없어요."

"그렇다면 왜 그렇게 슬피 울어요?"

"그와 아무 관계도 없다는 게 너무 슬퍼서요."

기쁨도 슬픔도 함께 해요

유대인 가게 주인이 아내에게 말했다.

"매상이 좋지 않은 날에는 가게 문을 닫은 뒤에 전등을 환하게 켜고 시끌벅적하게 지내고, 매상이 좋은 날은 촛불 하나만 켜놓고 조용히 있어야 해."

아내가 고개를 갸우뚱하며 물었다.

"그 반대 아니에요?"

"아니지. 우리가 돈을 못 번 날에는 다른 사람들도 실망시켜 줘야지. 우리가 전등을 환하게 켜놓고 떠들썩하게 지내면 사람들은 우리가 돈을 많이 번 줄 알고 화가 날 테고, 촛불을 한 개만 켜놓고 우울해 보이면 장사가 안 된 줄 알고 기분이 좋아질 거야. 그러면 우리가 기쁠 때 남들도 기쁘고, 우리가 슬플 때 남들도 슬픈 게 되는 거잖아."

당나귀와 다이아몬드

나무를 해다 팔아서 생계를 유지하는 랍비가 있었다. 일이 고되기도 했지만 나무 하랴, 나무를 읍내로 나르랴 시간이 너무 많이 걸려서 정작 《탈무드》를 공부할 시간이 별로 없었다.

그는 공부할 시간을 벌기 위해 그동안 근근이 모은 돈으로 읍내의 아랍 상인한테서 당나귀를 한 마리 샀다. 제자들은 랍비가 이제 더욱 빠르게 나무를 운반할 수 있게 된 것을 기뻐하며 강가로 당나귀를 끌고 가서 깨끗이 씻기기 시작했다. 그런데 당나귀의 목 부분에서 다이아몬드가 떨어져 나왔다.

제자들은 이것으로 랍비는 이제 가난한 나무꾼 생활에서 벗어나 공부를 마음껏 할 수 있고 자기들을 가르칠 시간도 더 많아지게 되었다고 기뻐했다.

그런데 랍비는 곧 읍내로 가서 아랍 상인에게 다이아몬드를 돌려 주라고 제자에게 명했다.

"랍비님, 랍비님이 사신 당나귀가 아닙니까?"

제자들이 항의했다.

"나는 당나귀를 샀지 다이아몬드를 산 적은 없다. 내가 산 것만 갖는 것이 정당하지 않니?"

랍비는 이렇게 말하고 아랍 상인에게 다이아몬드를 돌려 주었다.

"당신은 그 당나귀를 샀고 이 다이아몬드는 그것에 붙어 있었습니다. 굳이 되돌려 줄 필요가 어디 있습니까?"

아랍 상인이 물었다.

"산 물건 말고는 가져서는 안 됩니다. 그것이 유대인의 전통입니다. 그러니 이것을 당신에게 돌려 드립니다."

랍비가 대답했다.

"그렇군요. 당신들의 하나님은 훌륭한 하나님임에 틀림없습니다."

아랍 상인이 감탄하며 말했다.

유대인 경제 철학의 첫 번째는 정직이다. 좋은 물건을 정직한 값에 파는 것, 어쩌면 이것이 오늘의 부자 유대인을 만든 것인지도 모른다.

유대인에 대한 선입관 가운데 하나가 구두쇠이고, 돈을 위해서라면 수단과 방법을 가리지 않는다는 이미지가 강하다. 그러나 유대인들은 경제 철학 또한 남다를 뿐이고, 돈 버는 수완이 뛰어날 뿐이다.

너무 빨리 자라는 아이

유대인이 운영하는 아동복 가게에서 한 남자가 아들에게 줄 옷을 골라 들고 주인에게 물었다.

"세탁해도 줄지 않습니까?"

"걱정 마세요. 저희는 최고의 품질을 갖춘 상품만 판매합니다."

며칠 후 남자가 아이를 데리고 와서 따졌다.

"절대로 안 준다더니 이것 좀 보세요. 빨자마자 확 줄어버렸잖아요."

유대인은 조금도 당황하지 않고 아이에게 말했다.

"아이구, 귀엽기도 해라. 그런데 일주일 사이에 이렇게나 자라다니, 넌 정말 빨리 자라는구나."

8
가족의 가치를 아는 사람들

가정은 가장 작은 사회단위다. 가정에 소홀한 사람은 사회에 도움이 될 수도 없고, 거대한 사회의 진정한 일부가 될 수도 없다.

어린이는 세 가지를 가르쳐준다.
이유도 없이 즐거울 수 있다.
잠시도 쉬지 않는다.
바라는 것은 꼭 손에 넣는다.
—투브 벨 판 메첼리추

랍비와 어머니

랍비가 어머니와 둘이서 길을 걷고 있었다. 돌이 많은 울퉁불퉁한 길이어서 걷기가 무척 힘들었다. 랍비는 부지런히 앞서 나가며 돌을 치워 땅을 고르게 하려고 애썼지만 그래도 걷기가 수월하지 않자 어머니가 한 걸음 한 걸음 내딛을 때마다 손으로 어머니의 발을 받쳐드렸다. 그런데 너무 무리했던 탓인지 랍비는 몸져눕게 되었다.

자초지종을 전해들은 교회의 장로들이 말했다.

"그가 똑같은 일을 몇 번 한다 해도 하나님이 바라시는 효도를 하려면 아직도 멀다네."

랍비 요세프는 이렇게 말했다.

"어머니의 발소리는 성령이 오는 소리와 같으니 잠들지 마라."

형제라면 이들처럼

이스라엘에 의좋은 농부 형제가 살고 있었다. 형은 결혼하여 아이들을 두었고 동생은 아직 독신이었다. 아버지가 돌아가시고 나서 형제는 논과 밭을 똑같이 나누었지만 농사일은 여전히 함께 힘을 합했다.

그 해 가을, 형제는 수확한 곡식을 공평하게 둘로 나누어 각각 곳간에 갈무리했다.

밤이 되었다. 동생은 혼자 생각에 잠겼다.

'형은 형수와 조카들이 있으니 생활비가 나보다 훨씬 많이 들 거야. 아이들을 위해서 미리 저축도 좀 해 둬야 할 테고. 아무래도 내가 조금 보태야겠다.'

동생은 밤새 형의 곳간으로 상당한 양의 곡식을 몰래 옮겨 놓았다.

형은 형대로 생각이 많았다.

'나는 아이들이 있으니 늙더라도 걱정이 없지만 동생은 독신이니 늙으면 누가 보살펴줄까? 아무래도 동생은 늙을 때를 대비해서 미리 저축을 해 두지 않으면 안 될 거야.'

형도 밤새 곡식 여러 자루를 동생의 곳간으로 몰래 옮겨 놓았다.

이튿날 아침, 형제는 각각 곡식을 점검하기 위해 곳간 문을 열었다. 그런데 웬일인지 곡식의 양이 조금도 줄지 않고 그대로였다.

다음 날 밤도 또 다음 날 밤도 똑같은 일이 되풀이되어 사흘이나 계속되었다.

나흘째 밤이 되었다. 세상에 참 이상한 일도 다 있다고 어리둥절해 하면서 그날 밤에도 형제는 곡식 자루를 상대방의 곳간으로 나르고 있었다.

두 사람은 중간에서 딱 마주쳤다.

"바로 그래서였군."

"어쩐지 참 이상한 일도 다 있다 했어."

형제는 동시에 부르짖으면서 곡식 자루를 내던지고 달려가 서로 부둥켜안고 울었다.

이들 두 형제가 부둥켜안고 운 장소가 지금도 예루살렘의 가장 고귀한 장소로 알려지고 있다.

주인을 구한 개

부엌 바닥에 놓여 있던 우유 항아리 속으로 뱀이 스르르 미끄러져 들어가서는 빠져나오지 못하고 죽어버렸다. 고대 이스라엘의 농촌에는 뱀이 무척 많았다. 그런데 하필 그 뱀은 독사였기 때문에 우유 속에 독이 녹아들기 시작했다. 개가 그것을 알아차렸다.

식사를 하기 위해 가족들이 식탁에 둘러앉았다. 컵에 우유를 따르려고 하자 개가 맹렬히 짖어 댔다. 하지만 가족들은 이유를 알 수가 없었다.

가족들이 우유를 마시려고 컵을 집어 들자 다급해진 개는 황급히 뛰어들어 우유를 쏟아버렸다. 그러고는 보란 듯이 핥아먹기 시작했다. 개는 곧 쓰러져 죽었다. 가족들은 비로소 진실을 알고 슬피 울었다.

개가 말을 할 줄 알았다면 얼마나 좋았을까?

아들과 다이아몬드

고대 이스라엘의 두마라는 곳에 아주 커다란 다이아몬드를 갖고 있는 사람이 있었다.

랍비는 그 다이아몬드를 구입해서 사원을 장식하기로 마음먹었다. 사원을 다녀간 수많은 사람들에게 그 다이아몬드는 아주 인상적인 상징이 될 것이었다.

랍비는 6천 개의 금화를 마련하여 그의 집을 찾아갔다. 6천 개의 금화를 보자 그는 당장 팔겠다고 말했다. 그런데 다이아몬드를 넣은 금고의 열쇠를 그의 아버지가 베개 밑에 넣은 채 잠들어 있었다.

"잠드신 아버님을 깨울 수는 없습니다. 다이아몬드는 팔지 않겠습니다." 그가 말했다.

그렇게 굉장한 돈을 앞에 두고도 잠든 아버지를 깨우지 않는 아들을 보고 대단한 효자라고 감탄한 랍비는 그 후 이 이야기를 여러 사람들에게 들려주었다.

천국에 간 아들과 지옥에 간 아들

어떤 젊은이가 아버지에게 닭을 잡아 요리해 드렸다.

"닭이 어디서 났니?" 아버지가 물었다.

"그런 건 알아서 뭐해요. 드시기나 하세요."

아들이 퉁명스럽게 대꾸하자 아버지는 더 이상 아무 말도 하지 않았다.

물레방앗간에서 밀을 갈던 어떤 젊은이는 온 나라의 방앗간 종사자를 소집한다는 국왕의 포고령을 듣고 아버지에게 물레방앗간을 대신 돌보게 하고 성으로 갔다.

아버지에게 자기 대신 물레방앗간 일을 돌보게 한 젊은이는 천국에 갔다. 왕이 방앗간 종사자들을 강제로 끌어 모아 혹사하고 음식도 제대로 주지 않는다는 것을 알고 아버지 대신 자기가 끌려간 것이었기 때문이다.

아버지에게 닭을 잡아드린 젊은이는 지옥에 갔다. 아버지의 물음에 제대로 대답하지 않았기 때문이다.

진심으로 아버지를 대하는 것이 아니라면 맛있는 음식을 대접하는 것도 소용없는 일이다. 아버지를 일하게 하더라도 마음을 다하는 쪽이 훨씬 더 훌륭하다.

유대인의 자부심

법학대학에 다니는 아들을 둔 유대인과 신학대학에 다니는 아들을 둔 천주교 신자는 무척 오랜 친구 사이였다. 유대인이 물었다.

"자네 아들은 신부가 되고 나면 무슨 희망이 있나?"

천주교 신자가 대답했다.

"몇 년이 지나면 주교가 될 거야."

유대인이 물었다.

"그 다음에는?"

천주교 신자가 대답했다.

"그 다음에는 대주교가 되고 또 추기경이 되겠지. 어쩌면 교황이 될 수도 있어."

유대인이 물었다.

"그게 전부야?"

천주교 신자가 놀랍다는 표정으로 되물었다.

"더 무엇을 기대해? 그가 구세주라도 되길 바라나?"

유대인이 웃으면서 말했다.

"우리 소년들 가운데 한 명은 그렇게 되었지."

여자 하기 나름

어떤 경건한 남자와 경건한 여자가 결혼을 했는데 오랫동안 아이가 생기지 않는다는 이유로 이혼했다. 남편은 곧 재혼했지만 불행하게도 매우 악독한 여인을 만나게 되었다. 그는 새 아내를 닮아 똑 같이 나쁜 사람이 되었다.

아내 쪽도 얼마 후 재혼했는데 역시 불행하게도 매우 악독한 남자를 만나게 되었다. 그러나 그녀의 새 남편은 그녀를 닮아 선량하고 경건한 사람이 되었다.

이처럼 남자는 여자 하기 나름이다.

향수 가게 아들

어느 유대인이 창녀들이 드나드는 시장에 향수 가게를 차렸다. 창녀들 덕분에 장사가 무척 잘됐기 때문에 가게 주인은 무척 만족스럽게 지내고 있었다.

어느 날 가게 주인은 아들이 창녀들과 어울려 시시덕거리는 모습을 발견하고는 몹시 화를 내며 아들을 꾸짖었다. 그때 길을 가던 유대인이 말했다.

"창녀들이 모여 있는 홍등가에 가게를 낸 것은 바로 당신이오. 그러니 당신 아들이 창녀들과 어울리는 것은 바로 당신 때문에 생긴 일 아닙니까? 그런데 아들에게 이렇게 노발대발하는 이유가 뭐요?"

꼭 닮은 아들

해질 무렵, 랍비는 아들과 함께 집으로 돌아가는 길이었다. 그들은 술주정뱅이가 도랑에 빠져 허우적거리는 모습을 보았다. 그런데 바로 그 옆에서 술주정뱅이의 아들이 아버지처럼 고주망태가 되어 주정을 부리고 있는 것이었다. 랍비가 아들에게 말했다.

"저 술주정뱅이가 부럽구나. 자신과 꼭 닮은 아들을 두었으니 말이다. 너도 나와 저렇게 닮았을까? 그래도 아들의 기술을 기르는 면에서는 저 사람보다는 내가 좀 나았으면 좋겠구나."

우리는 어디로

독일에서 추방된 유대인 가족이 국경에 도착했다. 출입국 관리는 이 가족에게 동정심을 느꼈지만 직무를 수행해야만 했다.

"우리는 어디로 가야 할까요?" 유대인이 물었다.

관리는 지구본에 있는 여러 나라를 차례로 가리키면서 말했다.

"이 나라에서는 유대인을 받아들이지 않고, 이 나라에서는 지금 경기가 워낙 좋지 않아서 외국인의 입국을 금지하고 있고, 여기는 사막이라 안 되고……"

유대인 가족의 어린 아들이 물었다.

"아저씨, 이것 말고 다른 지구는 없어요?"

랍비에게 침을 뱉은 여인

훌륭한 설교로 유명한 랍비 메이어는 매주 금요일 저녁, 예배당에서 설교를 했다. 금요일 저녁은 이튿날의 안식일을 위해 먹을거리를 만들어야 하기 때문에 유대인 여자들에게는 눈코 뜰 새 없이 바쁜 날이다. 그런데도 매번 빠짐없이 그의 설교를 들으러 오는 여인이 있었다. 그날도 여느 날처럼 그녀는 랍비 메이어의 설교를 듣고 서둘러 집으로 돌아갔다. 그날따라 남편이 문 앞에서 그녀를 기다리고 있었다.

"내일이 안식일인데 도대체 어디 갔다 오는 거야?"

"예배당에서 랍비 메이어의 설교를 듣고 왔어요."

그러자 남편은 득달같이 소리쳤다.

"랍비 메이어가 그렇게 좋아? 그럼 아주 가서 살든지! 랍비의 얼굴에 침을 뱉고 오기 전에는 절대로 집에 못 들어올 줄 알아."

남편이 문을 쾅 닫고 들어가 버리자 그녀는 어쩔 수 없이 친구 집에서 신세를 지게 되었다.

이 소식을 듣고 랍비 메이어가 그녀를 불렀다. 랍비 메이어는 갑자기 눈에 뭐가 들어간 척하며 그녀에게 부탁했다.

"이럴 땐 눈을 침으로 씻으면 낫는다고 하니 어서 눈에 침을 좀 뱉어주세요."

머뭇거리는 여인을 몇 번 재촉하자 여인은 그제야 그의 의도를 눈치 채고는 마지못해 그의 눈에 살짝 침을 뱉었다. 랍비가 말했다.

"자, 이제 남편에게 가서 그 랍비에게 침을 뱉고 왔다고 말하세요."

여인이 돌아가자 제자들은 자신이 치욕을 당한 것처럼 분개하며 랍비에게 따져 물었다.

"왜 그 여인이 얼굴에 침을 뱉게 하신 겁니까?"

랍비가 대답했다.

"가정의 평화를 위해서라면 그 이상의 일이라도 우린 해야 한다."

사람들 사이의 싸움은 둑을 터뜨리는 것과 비슷하다. 한 번 둑이 터지면 다시는 도저히 막아낼 수 없게 된다.

거만하게 굴면 안 되는 이유

어떤 도시에 형제가 살고 있었다. 형은 랍비였고, 동생은 도둑이었다. 랍비는 동생이 남부끄러웠고, 그래서 늘 그를 멀리했다.

어느 날 두 사람이 우연히 길에서 마주쳤다. 랍비인 형은 동생을 못 본 척 그냥 지나쳤다. 그러자 동생이 화난 목소리로 형의 등에 대고 소리쳤다.

"왜 그렇게 거만하게 구는 거야? 내가 특별하게 군다면 그거야 이유가 있지. 왜냐하면 우리 형이 랍비니까. 그렇지만 형은 도둑을 동생으로 두었으면서 뭐가 그리 잘났다고 그러냐고?"

마음을 풍요롭게 바꾸는 필사의 즐거움

필사 노트

NO.

년

월

열린 문학

필사노트

〈힐렐의 명언〉

♣ 지식을 늘리지 않으면, 그것은 곧 지식을 줄여가는 것이다.

♣ 자기의 지위를 다른 사람들 앞에서 과시하는 사람은 이미 자신의 인격에 상처를 입고 있다.

♣ 상대의 입장에 서보지 않고는 남을 판단하지 마라.

♣ 배우는 사람은 부끄러워할 필요가 없다.

♣ 인내심이 부족한 사람은 스승의 자격이 없다.

♣ 주변에 뛰어난 인물이 없다면, 당신 스스로가 특출한 인물이 되어야 한다.

♣ 스스로 자신을 생각하지 않는다면, 누가 당신을 생각해 주겠는가?

♣ 지금 당장 하지 않는다면 언제 기회가 있겠는가?

♣ 인생 최대의 목표는 평화를 사랑하고 평화를 추구해 평화를 가져오는 것이다.

♣ 자신만 생각하는 사람은 자신조차 될 자격이 없다.

〈인간에 대하여〉

♣ 반성하는 사람이 서 있는 땅은 가장 훌륭한 랍비가 서 있는 땅보다 거룩하다.

♣ 세계는 진실과 도덕 그리고 평화의 토대 위에 서 있다.

♣ 휴일이 인간에게 주어진 것이지, 인간이 휴일에게 주어진 것은 아니다.

♣ 머리가 비어 있는 사람은 죄를 두려워할 줄 모르고 무식한 사람은 경건할 수 없으며 수줍어하는 사람은 배울 수가 없고 사업에 지나치게 열중하는 사람은 현명해질 수 없다.

♣ 사람은 세 가지 이름을 갖는다. 태어났을 때 받는 이름과 친구들이 우정을 담아 부르는 이름, 생애가 끝났을 때 얻어지는 명성이다.

♣ 때에 의해서 명예가 높아지는 것이 아니라, 인간이 명예를 높이는 것이다.

♣ 남에게 저주를 받더라도 남을 저주하지 마라.

♣ 자기를 높이는 자는 낮아지고 자기를 낮추는 자는 높아진다.

♣ 인간은 남의 하찮은 피부병은 금방 알아채고 꺼려도 자신의 죽을 병은 깨닫지 못한다.

♣ 어떤 사람은 젊고도 늙었고, 어떤 사람은 늙었어도 젊다.

〈시간에 대하여〉

시간이 흘러간다고 사람들은 말하지만, 흘러가는 것은 시간이 아니라 우리 자신이다.

〈우정에 대하여〉

♣ 친구가 채소를 갖고 있으면 고기를 주어라.

♣ 당신의 친구가 벌꿀처럼 달더라도 그것 전부 빨아 먹어서는 안 된다.

♣ 충실한 친구는 안전한 대피소 같다. 이런 친구를 가진 자는 큰 재산을 가진 것과 같다.

♣ 세 부류의 친구가 있다. 첫 번째 부류는 음식과 같아서 매일 필요하다. 두 번째 부류는 약과 같아서 가끔 필요하다. 세 번째 부류는 질병과 같아서 항상 피해 다녀야 한다.

♣ 친구를 원수로 만들려면 돈을 빌려줘라.

♣ 친구가 없어도 혼자 일을 해 나갈 수 있다고 생각하면 잘못이다. 친구가 없으면 혼자서 일을 처리할 수 없다고 생각하는 것도 잘못이다. 내가 없으면 친구가 일을 할 수 없다고 생각하면 더욱 큰 잘못이다.

♣ 아내를 선택할 때는 수준을 한 단계 내리고 친구를 선택할 때는 수준을 한 단계 높여라.

♣ 친구가 화를 낼 때 마음을 가라앉히고 평안해지라고 말하지 마라.

♣ 결점이 없는 친구를 사귀려고 한다면 평생 친구를 가질 수 없다.

〈여자에 대하여〉

♣ 어떤 남자도 여자의 특별한 아름다움에는 저항할 수 없다.

♣ 불순한 동기에서 생기는 애정은, 그 동기가 사라질 때 없어져 버린다.

♣ 사랑하고 있는 자는 다른 사람의 충고에 귀를 기울이지 않는다.

♣ 인간은 정열을 위해 결혼해도 정열은 결혼보다 오래가지 않는다.

♣ 남자가 여자에게 끌리는 것은 하나님이 남자의 갈비뼈를 빼어 여자를 만들었으므로 자기가 잃은 것을 되찾으려고 하기 때문이다. 또한 하나님이 최초의 여자를 남자의 갈비뼈로 만든 것은 여자가 언제나 남자의 마음 가까이에 있을 수 있도록 하기 위해서였다.

〈술에 대하여〉

♣ 술이 머릿속으로 들어가면 비밀이 밖으로 밀려 나온다.

♣ 새로 담근 포도주는 포도와 같은 맛이 난다. 그러나 오래될수록 맛이 좋아진다. 지혜도 똑같다. 해를 거듭할수록 지혜는 닦인다.

♣ 아침 늦게 일어나고 낮에는 술을 마시고 저녁에는 또 쓸데없는 이야기를 하고 있다면 인간은 자기 일생을 헛되게 만들 수 있다.

♣ 여자가 술을 한 잔 마시는 것은 좋은 일이다. 그러나 두 잔을 마시면 품위를 잃는다. 석 잔은 부도덕하게 되고, 넉 잔은 자멸한다.

♣ 악마가 바빠서 사람을 찾아다닐 수 없을 때 술을 대신 보낸다.

♣ 하나님이 너무 바빠서 사람을 찾아다닐 수 없을 때 엄마를 대신 보낸다.

〈가정에 대하여〉

♣ 부부가 사랑하면 칼날처럼 좁은 침대에서도 함께 잘 수 있지만, 서로 반목하기 시작하면 10미터나 되는 침대라도 너무 좁다.

♣ 세상에서 가장 행복한 사람은 좋은 아내를 얻은 남자다.

♣ 아내를 학대하지 마라. 하나님은 그녀의 눈물방울의 수를 항상 헤아리고 계신다.

♣ 모든 병 중에서 마음의 병만큼 괴로운 것은 없다. 모든 악 중에서 악처만큼 나쁜 것은 없다.

♣ 세상 무엇과도 바꿀 수 없는 것은 젊을 때 결혼하여 살아온 늙은 아내다.

♣ 조용한 남편과 시끄러운 아내가 같이 생활하는 것은 모래언덕을 올라가는 일처럼 쉽지 않다.

♣ 고부간에 갈등이 생겼을 때는 침묵하라. 절대로 두 사람 사이의 싸움에 끼어들지 마라.

♣ 시부모가 아내의 흠을 들추어낼 때 부모님의 비위를 맞추기 위해 아내를 비난하지 마라.

♣ 가정에서 부도덕한 일을 하는 것은 과일에 벌레가 붙은 것과 같다. 알지 못하는 사이에 퍼져 가기 때문이다.

♣ 아버지가 다른 사람과 논쟁하고 있을 때는 다른 사람의 편을 들어서는 안 된다.

〈돈에 대하여〉

♣ 사람에게 상처를 주는 세 가지는 번민, 말다툼 그리고 텅 빈 지갑이다. 그중에서도 텅 빈 지갑이 가장 큰 상처를 준다.

♣ 부자들의 가장 큰 불행은 영원히 살지 못한다는 데 있다. 태어날 때 빈손으로 왔듯이 죽을 때도 모든 재산을 고스란히 남겨두고 떠나야 하기 때문이다.

♣ 세상에 가난보다 더 큰 고통은 없다. 가난으로 고통받는 자는 세상의 모든 고통을 짊어진 것과 같고, 세상의 모든 저주의 말을 들은 것과 같다. 세상의 모든 고통을 저울 한쪽에 올려놓고, 반대편에 가난을 올려놓으면 추는 가난 쪽으로 기울 것이다.

♣ 가난은 수치가 아니다. 그러나 명예도 아니다.

♣ 돈은 물건을 사고파는 데 쓰여야 한다. 그러나 술을 위해 쓰여서는 안 된다.

♣ 돈은 악이 아니며 저주도 아니다. 돈은 사람을 축복하는 것이다.

♣ 돈은 하나님의 선물을 살 기회를 준다.

♣ 부귀는 요새이며 빈곤은 폐허다.

♣ 돈이나 물건은 그냥 주는 것보다도 빌려주는 것이 낫다. 그냥 얻으면 준 사람보다 밑에 있지 않으면 안 된다. 그러나 빌려주고 빌린다면 서로 대등하게 대할 수 있다.

〈교육에 대하여〉

♣ 향수 가게에 들어가 향수를 사지 않고 나와도 향수 냄새가 난다.

♣ 지식이 없는 자는 믿음을 주지 못하고, 겁이 많은 사람은 남을 가르치지 못하며, 성격이 급한 사람은 전도하지 못한다.

♣ 칼을 갖고 서 있는 사람은 책을 갖고 설 수 없다.

♣ 자기를 아는 것이 가장 큰 지혜다.

♣ 배우기를 좋아하는 자는 나이 들수록 지혜가 풍부해지고, 무지한 자는 나이 들수록 나날이 우매해진다.

♣ 가난한 집안의 아들은 찬미 받으리라. 인류에게 예지를 가져다주는 것은 그들이기 때문이다.

♣ 기억을 증진 시키는 가장 좋은 약은 감탄하는 것이다.

♣ 학교가 없는 도시에는 사람이 살지 못한다.

♣ 아이를 키울 때 차별하지 마라.

♣ 아이는 어릴 때 엄하게 꾸짖고, 자란 뒤에는 꾸짖지 마라.

♣ 어린아이는 엄하게 가르쳐야 하지만 아이가 무서워하게 하면 안 된다.

♣ 아이를 꾸짖을 때는 한 번만 따끔하게 꾸짖어야 하고, 잔소리로 계속 꾸짖어서는 안 된다.

♣ 어린이는 부모가 말하는 태도를 흉내 낸다. 그러므로 자식의 말투로 부모의 성격을 알 수 있다.

♣ 아이에게 무엇이든 약속하면 반드시 지켜라. 약속을 지키지 않으면 당신은 아이에게 거짓을 가르치는 것이 된다.

♣ 고양이로부터 겸허함을 배울 수 있고, 개미로부터 정직함을 배울 수 있고, 비둘기로부터 정절을 배울 수 있으며, 수탉으로부터는 재산의 권리를 배울 수 있다.

♣ 이름이 팔리면 곧 잊힌다.

♣ 지식이 얕으면 곧 잃게 된다.

♣ 아이들을 가르친다는 것은 백지에 무엇을 그리는 것과 같다. 노인에게 가르친다는 것은 어떠한 것일까. 그것은 이미 많이 쓰인 종이에 여백을 찾아서 써넣으려고 하는 것과 같다.

♣ 시간이 있을 때 배우면 된다고 생각하지 마라. 앞으로 배울 시간이 없을지도 모른다.

♣ 인간의 지혜는 붓끝으로 응집되고, 시는 사고의 빛을 번쩍이게 한다. 붓은 5치도 되지 않지만, 그 위력은 왕의 지팡이보다 크다.

〈섹스에 대하여〉

♣ ‘야다(YADA)’는 헤브라이어로 섹스라는 뜻이다. 동시에 ‘야다’는 상대를 안다는 뜻이기도 하다. 예를 들면 성서에 아담은 이브를 알고 아이가 생겼다고 되어 있는데, 이 ‘알다’라는 말은 성관계란 의미도 포함하고 있다. 흔히 말하는 사랑은 아는 것이다. 사랑하는 것은 남녀가 함께 자는 것이라고 해석해도 된다.

♣ 야다는 창조의 행위다. 이것 없이는 자기완성을 얻을 수 없다.

♣ 남성은 지혜의 비밀을 가지고 있으며, 여자는 이해의 비밀을 가지고 있다. 순결한 성행위는 지식의 비밀에 속한다. 적절한 성행위는 더 높은 정신적 만족을 가져다준다. 이보다 더 위대한 비밀은 남자와 여자가 서로 결합하기에 딱 맞는 신체를 가지고 있다는 사실이다.

♣ 섹스는 자연의 일부다. 그러므로 섹스 행위에 부자연스러운 것은 있을 수가 없다.

♣ 섹스는 익숙한 분위기 속에서 이루어져야 한다. 자기를 조절할 수 없을 때는 섹스를 하면 안 된다.

♣ 아내의 동의 없이 아내와 관계를 가질 수 없다. 아내가 내키지 않는데도 남편이 강요해서는 안 된다.

〈악에 대하여〉

♣ 악에 대한 충동은 구리와 같은 것이라 불 속에 있을 때는 어떤 모양으로도 만들 수 있다. 다른 사람들보다 뛰어난 사람은 악에 대한 충동도 그만큼 강하다.

♣ 세상에는 올바른 일만 하는 사람은 있을 수 없다. 반드시 나쁜 일도 한다.

♣ 악에 대한 충동은 처음에는 달콤하다. 그러나 끝났을 때는 대단히 쓰다.

♣ 죄는 태아일 때부터 인간의 마음에 싹터서 인간이 자라남에 따라 강해진다.

♣ 죄를 미워하되 사람은 미워하지 마라.

♣ 죄는 처음에는 거미줄처럼 가늘다. 그러나 마지막에는 배를 이어 매는 밧줄처럼 강해진다.

♣ 죄는 처음에는 손님이다. 그러나 내버려두면 집주인이 된다.

〈험담에 대하여〉

♣ 남을 헐뜯는 행위는 살인보다 위험하다. 살인은 한 사람밖에 죽이지 않지만, 그런 험담은 반드시 세 사람을 죽인다. 즉 험담을 퍼뜨리는 사람 자신, 그것을 막지 않고 듣고 있는 사람, 그 험담의 대상이 되는 사람이다.

♣ 남을 중상하는 자는 무기를 사용해서 사람을 상처 입히는 것보다 죄가 무겁다. 무기는 가까이 가지 않으면 상대를 상처 입힐 수 없으나, 중상은 멀리서도 사람을 상처 입힐 수가 있다.

♣ 아무리 선한 사람이라도 입이 악하면, 훌륭한 궁전 옆에 있는 악취 심한 가죽 공장과 같다.

♣ 손가락이 자유롭게 움직이는 것은 험담을 듣지 않기 위해서다.

♣ 험담이 들리면 얼른 귀를 막아라.

♣ 물고기는 언제나 입으로 낚인다. 인간도 역시 입으로 걸려든다.

♣ 거짓말쟁이에게 주어지는 가장 큰 벌은 그가 진실을 말했을 때도 사람들이 믿지 않는 것이다.

〈판사, 의사에 대하여〉

♣ 판사의 자격은 겸허하고, 언제나 선행을 거듭하고, 무언가 결정을 내릴 만큼의 용기를 가지며, 지금까지의 경력이 깨끗한 사람이어야 한다. 극형을 선고할 때 판사는 자기 목에 칼이 꽂히는 것 같은 심경이어야 한다.

♣ 판사는 반드시 진실과 평화 모두를 구하지 않으면 안 된다. 그렇지만 진실을 구하면 평화는 혼란된다. 그래서 진실도 파괴하지 않고 평화도 지킬 수 있는 길을 발견하지 않으면 안 된다. 그것이 타협인 것이다.

♣ 법관은 언제나 예리한 칼날이 명치를 겨누고, 발밑에는 지옥이 있다고 생각하라.

♣ 의사가 필요할 때, 사람들은 그를 신처럼 존경한다. 병이 회복되면, 사람들은 그를 구원의 신으로 생각한다. 병을 고치지 못하면, 사람들은 그를 평범한 사람이라 생각한다. 의사가 계산서를 보내면, 사람들은 그를 악마라고 생각한다.

♣ 선행에 문을 닫는 자는 의사를 위해 문을 열지 않으면 안 된다.

♣ 공짜로 처방전을 써주는 의사의 충고를 듣지 마라.

〈건강에 대하여〉

♣ 여행, 성교, 돈, 노동, 음주, 잠 그리고 물 사용과 여가생활은 지나치면 해롭고, 적당히 즐기면 이롭다.

♣ 두려움, 도박, 범죄는 인간을 약하게 만든다.

♣ 질투와 분노는 수명을 줄이고 걱정은 노년을 앞당긴다.

♣ 긴장을 풀고 근심을 멀리 던져 버려라. 근심은 사람을 망쳐 놓고 그 안에는 아무런 득도 없다.

♣ 아름다운 소리, 풍경, 냄새는 인간이 정신을 회복하는 데 좋은 약이 된다.

♣ 앉고 서고 걷는 일을 공평하게 3분의 1씩 분배하라.

♣ 슬픔에 자신을 넘겨주지 말고 일부러 자신을 괴롭히지 마라.

♣ 마음의 기쁨은 곧 사람의 생명이고, 즐거움은 인간을 장수하게 한다.

♣ 마라톤에 참가한 60명의 선수 중 아침밥을 먹은 자가 1등이다.

♣ 많이 있어도 해가 되는 물건이 있고, 적게 있어도 이로운 물건이 있는데, 효모와 소금도 그러하다.

〈동물에 대하여〉

♣ 고양이와 쥐도 먹이가 될 동물을 함께 먹고 있을 때는 다투지 않는다.

♣ 여우의 머리가 되기보다 사자의 꼬리가 돼라.

♣ 한 마리의 개가 짖기 시작하면 많은 개가 짖게 된다.

♣ 개는 모이면 서로 싸우지만 이리가 나타나면 싸움을 멈춘다.

〈처세에 대하여〉

♣ 올바른 자는 자기의 욕망을 이기지만 올바르지 않은 자는 욕망에 진다.

♣ 남의 자비로 사는 것보다 가난한 생활을 하는 편이 낫다.

♣ 남 앞에서 부끄러워하는 사람과 자기 앞에서 부끄러워하는 사람 사이에는 커다란 차이가 있다.

♣ 세상에는 도를 벗어나면 안 되는 것이 8가지 있다. 여행 · 여자 · 부 · 일 · 술 · 잠 · 약 · 향료다.

♣ 항아리 속에 든 1개의 동전은 시끄럽게 소리를 내지만 동전이 가득 찬 항아리는 소리가 나지 않는다.

♣ 명성을 좇아 달리는 자는 명성을 따라갈 수 없다. 그러나 명성에서 도망쳐 달리는 자는 명성에 붙잡힌다.

♣ 결혼의 목적은 기쁨이고, 장례식 참석자의 목적은 침묵이고, 강의를 듣는 목적은 배우는 것이고, 사람을 방문할 때의 목적은 빨리 도착하는 것이고, 가르치는 목적은 집중이다.

♣ 혀에게 '나는 잘 모른다'라는 말을 열심히 가르쳐라.

♣ 장미꽃은 가시 사이에 자란다.

♣ 겉을 보지 말고 안에 들어 있는 것을 보라.

♣ 과일나무는 그 열매에 의해서 알려지고 사람은 일에 의해서 평가된다.

♣ 행동은 말보다 목소리가 크다.

♣ 자기 입으로 자기를 칭찬하지 마라.

♣ 훌륭한 사람이 아랫사람이 말하는 것을 듣고, 노인이 젊은이가 말하는 것에 귀를 기울이는 세상은 축복받을 것이다.

♣ 노화를 재촉하는 4가지 원인은 공포 · 분노 · 아이들 · 악처다.

♣ 사람의 마음을 안정시키는 3가지는 명곡 · 조용한 풍경 · 깨끗한 향기다.

♣ 사람에게 자신을 갖게 하는 3가지는 가정 · 아내 · 의복이다.

♣ 의심을 품고 있는 사람과 상의하지 말고, 시기하는 자에게 계획을 말하지 마라.

♣ 여자와 그 여자의 경쟁자에 대해 상의하지 말고, 비겁한 자와 전쟁에 대해 상의하지 마라.

♣ 상인과 장사에 대해 상의하지 말고, 사는 사람과 팔 값에 대해 상의하지 마라.

♣ 인색한 사람과 사례에 대해 상의하지 말고, 냉혹한 사람과 친절에 대해 상의하지 마라.

♣ 게으른 사람과 일에 대해 상의하지 말고, 임시 고용인과 일의 완성에 대해 상의하지 마라.

♣ 맹세할 때 질문하지 마라.

〈탈무드 낭독〉

욕망은 처음에는 거미줄처럼 가늘지만 나중에는 배를 묶어 두는 밧줄처럼 굵어진다. 욕망은 처음에는 낯선 손님처럼 어색해 보이지만 나중에는 마침내 당당한 집 주인이 되고 만다.

자기가 하는 일에 자부심을 갖고 있는 사람은 시키지 않아도 해야 할 일을 한다. 또한 그것을 알아봐 주는 것도 보통 사람들로서는 좀처럼 할 수 없는 일이다.

당신은 해야 할 일을 하고 있는가? 이 질문은 아주 중요하다. 당신이 이 세상에 살고 있는 유일한 목적은 이 짧은 생애를 허락한 신이 당신에게 맡긴 일을 잘 수행하고 있는가에 달려 있기 때문이다.

뉘우침은 자신의 영혼을 정화하고 선한 생활을 준비하는 것이다. 아직 힘이 있을 때 죄를 뉘우쳐라. 등잔불이 꺼지기 전에 기름을 부어야 하는 법이다.

신은 모든 것을 보고 있다. 하지만 우리는 신을 볼 수 없다. 마찬가지로 정신은 우리 눈에 보이지 않는 모든 것을 보고 있다.

사람들은 대부분 자신이 보고 싶은 것만 보고, 듣고 싶은 것만 들으면서 산다. 본인은 자기만의 삶을 산다고 생각하지만 사실은 남이 원하는 삶을 살고 있는 것이다.

인간은 누구나 세상을 다 가질 것처럼 두 주먹을 꽉 쥐고 태어나지만 막상 세상을 떠날 때는 손을 활짝 펼친 채 죽는다. 인간이 세상을 떠날 때 가져갈 수 있는 것은 돈이나 권력이 아니라 선행이다.

최악의 상황에서도 희망을 잃지 마라. 나쁜 일이 좋은 일로 연결되는 일은 얼마든지 있다.

사람은 실패 없이 성장할 수 없다. 실패에는 성공의 씨앗이 들어 있다. 그러므로 실패를 두려워할 필요는 없다. 그러나 실패를 반복하는 것은 두려워해야 한다.

인간은 육체만으로 아무 것도 할 수 없으며 정신만으로도 아무 것도 할 수 없다. 둘을 합치면 나쁜 일이든 좋은 일이든 무엇이든 할 수 있다.

악인을 벌하는 것에는 아무런 이득도 없다. 그들이 잘못을 뉘우치고 자기편 사람이 되게 만드는 것이 참으로 이득이 되는 일이다.

인간 사회에서 리더는 다른 사람들을 이끄는 사람이다. 리더는 집단의 통일을 유지하고 방향을 제시하는 역할을 하는 인물로 인기인, 대표자, 권위자 등과는 구별되어야 한다.

법률은 붕대와 같다. 인간의 마음속에는 나쁜 것을 바라는 본능이 있다. 그러나 인간의 도리와 법률을 지키려는 마음을 버리지만 않는다면 절대로 인간의 성질은 나빠지지 않는다.

아무리 크고 힘센 자라도 반드시 절대적인 강자라고는 할 수 없다. 아무리 약한 것이라도 어떤 조건이 맞으면 강한 자를 이길 수 있다.

사람은 누구나 결점을 가지고 있다. 결점은 그에 대해 적절히 대처하면 극복할 수 있다. 그러나 남을 헐뜯는 것은 살인보다도 위험하다. 살인은 한 사람밖에 죽이지 않지만 남을 헐뜯는 것은 반드시 세 사람을 죽인다. 헐뜯는 사람 자신과 그것을 반대하지 않고 듣고 있는 사람, 그리고 헐뜯는 대상이 된 사람이다.

무슨 말을 듣든 마음속에 묻어라. 친구에게든 원수에게든 남의 말을 옮기지 마라. 입을 다무는 것이 죄가 되기 전에는 들은 말을 누설하지 마라. 네가 수다를 떨면, 남이 너를 경계할 것이며 경우에 따라서는 너를 미워할 수도 있다.

사랑은 결점을 감추고 증오는 장점을 감춘다. 사랑의 눈으로 보면 이해 못할 일이 없다.

사랑은 잼이다. 그러므로 인생이라는 빵과 함께 먹어야 살아갈 수 있다. 아무리 열렬한 사랑으로 맺어진 부부라 해도 사랑만으로 평생을 살 수는 없다. 신혼여행은 일주일이면 끝난다. 그러나 인생은 일주일로 끝나지 않기 때문이다.

자신에게 알맞은 자리보다 늘 조금 낮은 곳을 택하라. 다른 사람들로부터 내려가라는 말을 듣는 것보다는 올라오라는 말을 듣는 편이 훨씬 낫다.

충실한 친구는 안전한 대피소와 같다. 이런 친구를 가진 자는 큰 재산을 가진 것과 같다. 충실한 친구의 가치는 무한대이다. 돈으로 가치를 따질 수 없기 때문이다. 오래된 친구를 버리지 마라.

친절은 겸손과 같다. 겸손하지 않으면 친절할 수 없고, 친절하지 않으면 겸손할 수 없다.

가정은 가장 작은 사회단위다. 가정에 소홀한 사람은 사회에 도움이 될 수도 없고, 거대한 사회의 진정한 일부가 될 수도 없다.

사람들 사이의 싸움은 둑을 터뜨리는 것과 비슷하다. 한번 둑이 터지면 다시는 도저히 막아낼 수 없게 된다.